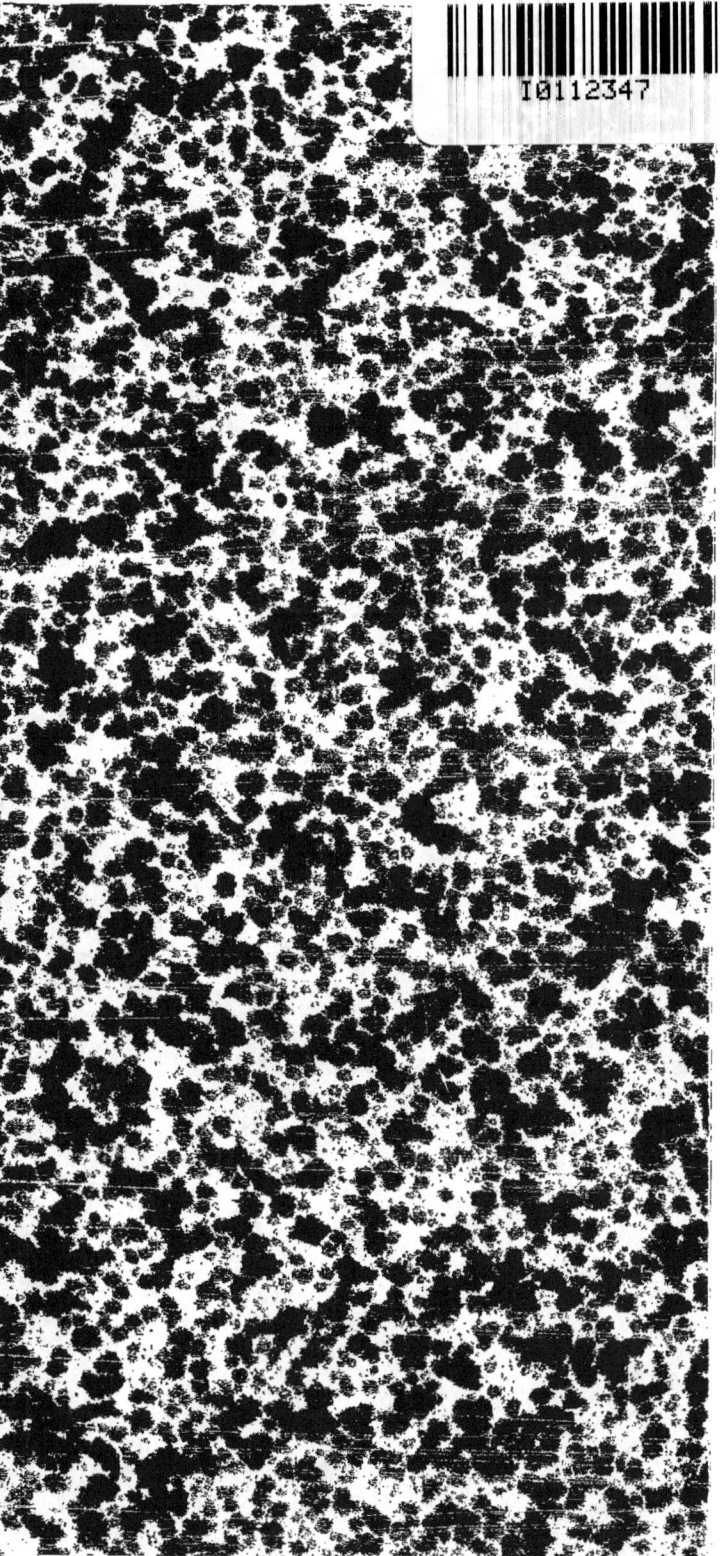

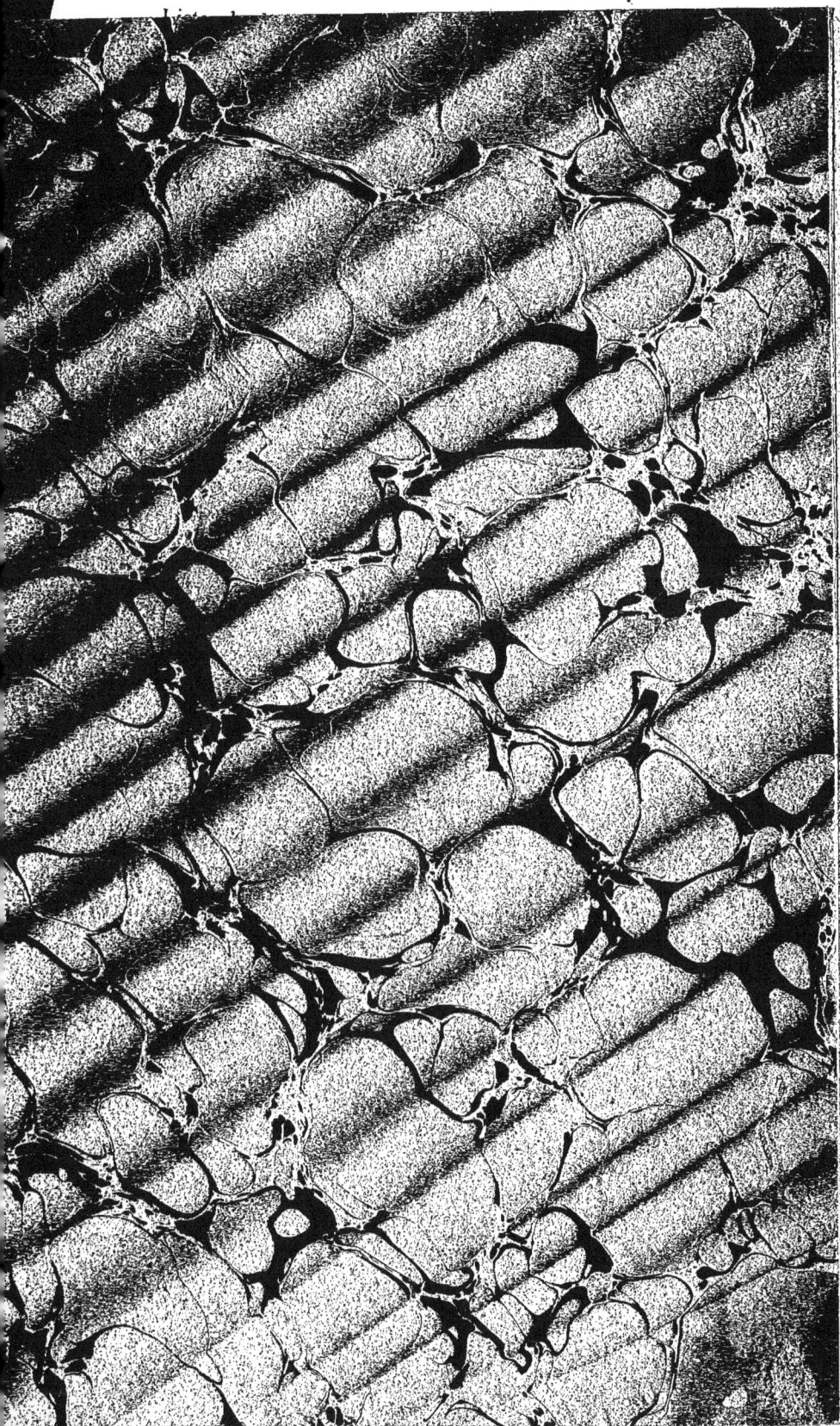

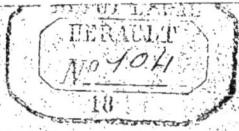

SOCIÉTÉ LANGUEDOCIENNE DE GÉOGRAPHIE DE MONTPELLIER

CONGRÈS NATIONAL

DES

SOCIÉTÉS FRANÇAISES DE GÉOGRAPHIE

XIe SESSION. — Montpellier, 1890

DU 27 AU 31 MAI

COMPTE RENDU DES TRAVAUX

MONTPELLIER

TYPOGRAPHIE ET LITHOGRAPHIE CHARLES BOEHM

IMPRIMEUR DE L'ACADÉMIE DES SCIENCES ET LETTRES,
DE LA SOCIÉTÉ LANGUEDOCIENNE DE GÉOGRAPHIE.

1891

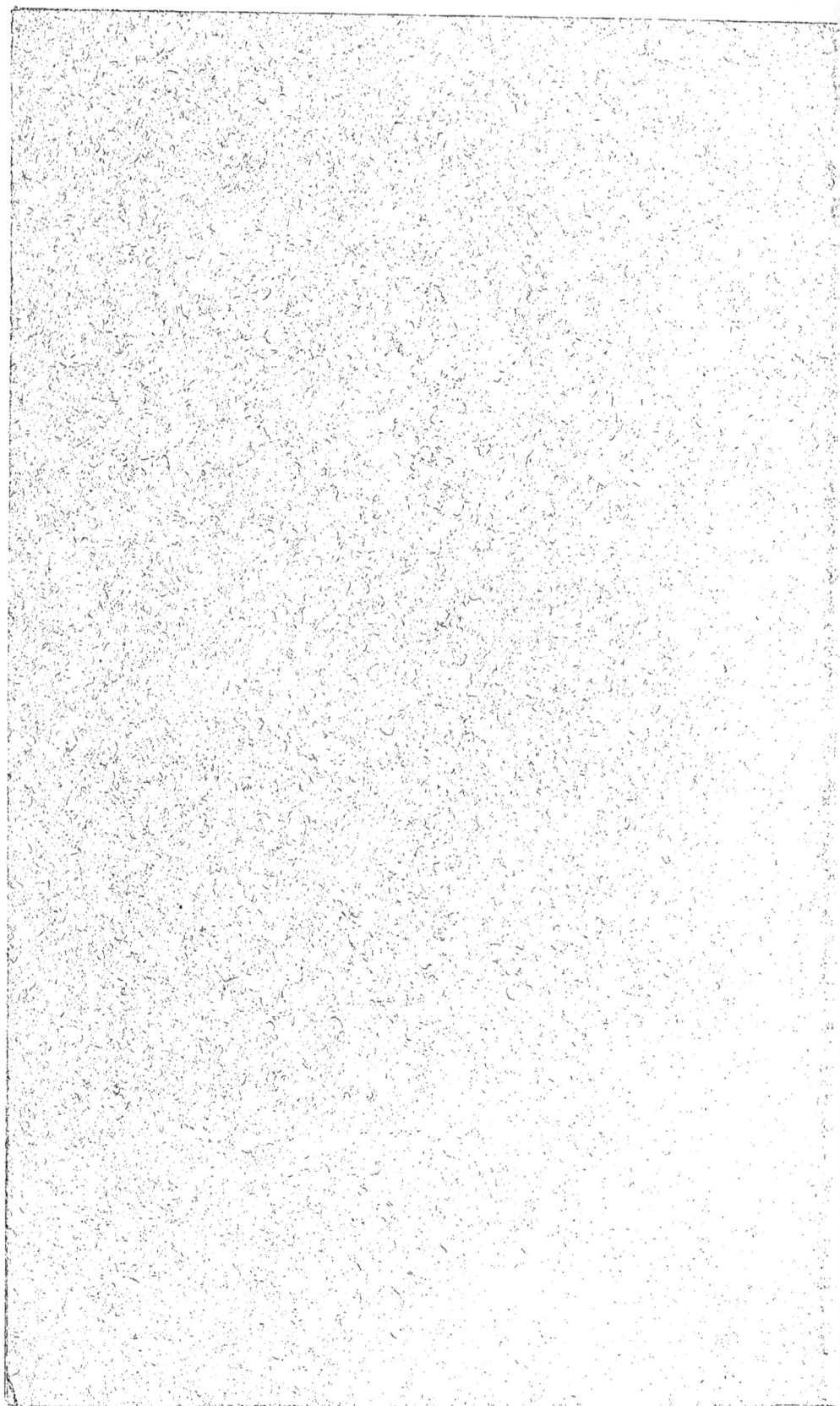

CONGRÈS NATIONAL

DES

SOCIÉTÉS FRANÇAISES DE GÉOGRAPHIE

XIᵉ Session. — Montpellier, 1890.

CONGRÈS NATIONAL

DES

SOCIÉTÉS FRANÇAISES DE GÉOGRAPHIE

XIe Session. — Montpellier, 1890.

DU 27 AU 31 MAI

COMPTE RENDU DES TRAVAUX

MONTPELLIER

TYPOGRAPHIE ET LITHOGRAPHIE CHARLES BOEHM

IMPRIMEUR DE L'ACADÉMIE DES SCIENCES ET LETTRES,

DE LA SOCIÉTÉ LANGUEDOCIENNE DE GÉOGRAPHIE.

—

1891

CONGRÈS NATIONAL

DES

SOCIÉTÉS FRANÇAISES DE GÉOGRAPHIE

XIe Session. — Montpellier, 1890.

DU 27 AU 31 MAI

C'est dans des conditions tout à fait spéciales qu'a été organisé, à Montpellier, le XIe Congrès national des Sociétés françaises de Géographie.

Lors de la dernière session, à Bourg, c'est Tours qui avait été choisi comme siège de la prochaine réunion. Pour des raisons d'ordre intérieur, la Société de Géographie de cette ville crut devoir décliner cette invitation. Alors, quoique ce ne fût pas son tour encore, puisqu'elle s'était chargée en 1878 de la 2e session, après Paris, la Société Languedocienne, pour faire coïncider le Congrès avec les fêtes internationales du VIe Centenaire de l'Université de Montpellier, et dans l'espérance de lui donner ainsi un peu plus d'éclat, proposa de la remplacer. Ses offres furent acceptées par les autres Sociétés, et aussitôt elle se mit à l'œuvre de préparation.

Elle commença par rédiger le programme suivant, qui fut communiqué aux autres Sociétés, accompagné d'une circulaire explicative :

I. Géographie Physique.

1° Étudier les modifications anciennes et actuelles du Littoral de la France et spécialement les Cordons littoraux du Languedoc (Question proposée par la *Société Languedocienne de Géographie*, rapporteur, M. Duponchel, Président de la Société).

2° Les Cévennes et les Causses (Question proposée par la *Société Languedocienne de Géographie*; rapporteur, M. MARTEL).

3° De l'équilibre à établir entre l'écoulement artificiel des Eaux pluviales et les ressources que présentent les collecteurs naturels pour l'écoulement de ces Eaux (Question proposée par la *Société de Géographie de Tours*; rapporteur, M. le Colonel BLANCHOT).

4° De la nomenclature géographique dans ses rapports avec la nature du Sol (Pays, Cours d'eau, Pics, Sommets, Cols, etc.).

5° Du creusement des Vallées (Question proposée par la *Société de Géographie de l'Est*; rapporteur, M. BLEICHER).

II. — GÉOGRAPHIE DESCRIPTIVE.

Déterminer, d'après les récents voyages et les dernières découvertes, l'état actuel et les lacunes de nos connaissances géographiques :

1° Dans l'Asie Centrale ;

2° Dans le Sahara ;

3° Dans le Soudan, le bassin du Niger et la région du lac Tchad ;

4° Dans le bassin du Congo et la région des Grands Lacs ;

5° Dans le bassin du Zambèze et l'Afrique Australe ;

6° Dans le bassin du fleuve des Amazones et dans les bassins voisins (Paraguay, Orénoque, etc.), en un mot, dans le Centre Sud Américain.

7° Dans les régions polaires arctiques ;

8° Dans les régions polaires antarctiques ;

Dresser le questionnaire des problèmes à résoudre dans ces pays à moitié inconnus.

III. — GÉOGRAPHIE HISTORIQUE.

1° Anciennes démarcations des Diocèses et des Cités de la Gaule conservées jusqu'aux temps modernes, en particulier du Languedoc.

2° Déterminer les limites d'une ou de plusieurs anciennes

Provinces françaises en 1789, et en particulier celles du Languedoc.

3° Signaler les documents géographiques curieux (Textes et Cartes manuscrits) qui peuvent exister dans les Bibliothèques publiques, les Archives des Départements et des Communes, les Collections privées. — Inventorier les Cartes locales, manuscrites et imprimées.

4° Biographie des anciens Voyageurs et Géographes français.

5° De l'habitat en France, c'est-à-dire du mode de répartition, dans chaque contrée, des habitations formant les bourgs, les villages et les hameaux ; disposition particulière des locaux d'habitation, des fermes, des granges ; origine et raison d'être de ces dispositions ; altitude maxima des lieux habités.

6° Tracer sur une Carte les limites des différents pays d'après les coutumes, le langage, l'opinion traditionnelle des habitants ; indiquer les causes de ces divisions (Nature du sol, ligne de partage des eaux, etc.).

IV. — Géographie Commerciale et Économique.

1° De la Colonisation dans la France continentale (Question proposée par la *Société de Géographie de Tours* ; rapporteur, M. le Colonel Blanchot).

2° Le Canal des Deux-Mers.

3° Paris port de mer.

4° Examiner le moyen le plus efficace pour lutter contre la concurrence créée au transit français par le percement du Saint-Gothard et les travaux du port de Gênes (Question proposée par la *Société de Géographie de l'Est* et la *Société Bretonne de Géographie*).

5° Des avantages économiques qui résulteraient, pour la France, de l'établissement d'une voie d'eau sûre et commode entre le réseau de nos Canaux et la Méditerranée (Question proposée par la *Société de Géographie de l'Ain*).

6° Le Canal de Panama.

7° Les Traités de Commerce.

8° Des causes d'agrandissement rapide de certaines villes (comme Cette, Béziers, etc.).

V. — Géographie Administrative et Politique.

1° De l'Arbitrage en matière coloniale.

2° Trouver le meilleur système administratif et politique à appliquer à chacun de nos établissements d'outre-mer, suivant le climat, l'état social, politique et religieux des races qui habitent le pays, et suivant la nature de cet établissement, Station militaire ou Colonie d'exploitation (Question proposée par la *Société Bretonne de Géographie*).

VI. — Géographie et Vulgarisation de la Géographie.

1° De la création d'un Institut Géographique (Question proposée par la *Société de Géographie de l'Est*).

2° Des bourses de voyage et des missions de l'État (Question proposée par les *Sociétés de Géographie Commerciale de Paris et de Bordeaux*).

3° Des moyens à employer par les Sociétés de Géographie pour étendre leur influence et rendre leur action plus efficace (Question proposée par la *Société de Géographie de Tours*).

4° Des méthodes d'enseignement géographique.

Elle y joignit bientôt un programme d'excursions arrêté conjointement avec la section méridionale du Club Alpin Français :

I. Excursions d'un jour pouvant se faire le lundi 26 mai, entre les Fêtes et le Congrès.

1. Excursion à Minerve.
2. Excursion à Ganges. Visite de la grotte des Demoiselles.
3. Excursion à Saint-Guilhem-du-Désert. Visite des grottes.
4. Visite à la cité de Carcassonne.
5. Visite à Aigues-Mortes.
6. Visite à Nîmes et au Pont du Gard.

II. Excursions pouvant se faire après le Congrès du 1er au 6 juin :

1 jour. Les précédentes.

2 jours. *A.* — Nimes. Pont du Gard. Vallée de l'Ardèche (Pont de l'Arc). Retour par Pont-Saint-Esprit.

B. — Saint-Guilhem-du-Désert. Gorges de l'Hérault. Ganges. Grotte des Demoiselles. Retour par Sommières.

C. — Nimes. Pont du Gard. Tarascon. Saint-Remy. Les Baux. Arles. Retour (En couchant à Arles, on pourrait visiter Aigues-Mortes dans la matinée du troisième jour et rentrer à Montpellier avant midi).

3 jours 1/2. Millau. Montpellier-le-Vieux. Saint-Jean-du-Bruel. Ganges. Grotte des Demoiselles. Retour.

4 jours. Le Vigan. Valleraugues. L'Aigoual. Bramabiau. Camprieu. Meyrueis. Vallée de la Jonte. Grotte de Dargilan. Peyreleau. Montpellier-le-Vieux. La Roque Sainte-Marguerite. Millau. Retour.

5 jours. Le Vigan. Valleraugues. L'Aigoual. Cabrillac. Col du Perjuret. Florac. Gorges du Tarn (Sainte-Énimie. La Malène. Le Pas du Souci. Les Vignes. Peyreleau). Montpellier-le-Vieux. La Roque-Sainte-Marguerite. Millau. Retour.

Elle négocia ensuite avec les compagnies des chemins de fer les conditions ordinaires du voyage, et elle fit appel aux ministères et aux Sociétés pour l'envoi de délégués.

Les ministères ont presque tous répondu à son invitation, et ils ont été très bien représentés au Congrès par les délégués dont les noms suivent :

Ministère de l'Agriculture. — M. HÉRISSON, inspecteur de l'Enseignement agricole ;

Commerce et Industrie. — M. TURQUAN, chef du bureau de la Statistique générale de la France ;

Colonies. — M. LOUIS Henrique, commissaire de l'Exposition coloniale de 1889 ;

Guerre. — M. le commandant BERTHAUT, attaché au Service géographique de l'armée ;

Instruction publique. — M. SEVIN-DESPLACES, Conservateur de la Bibliothèque du Louvre.

Marine. — M. le capitaine PÉROZ, officier d'ordonnance du ministre.

Travaux publics. — M. DESCUBES, chef-adjoint du cabinet du ministre.

Ces divers délégués ont suivi assidûment et attentivement les séances du Congrès. Quelques-uns d'entre eux y ont fait d'intéressantes communications : tous y ont rendu de grands services par leur compétence et leur autorité spéciales. Il est juste de remercier les différents ministres de l'intérêt qu'ils ont ainsi témoigné à la science géographique française.

Les Sociétés n'ont malheureusement pas montré le même empressement. Elles n'avaient pas toutes répondu à notre appel. Elles n'avaient pas toutes désigné des délégués. Plusieurs même de ces délégués, ou se sont excusés au dernier moment, ou n'ont pas paru, ou n'ont fait qu'une rapide et fugitive apparition : de sorte que, en somme, très peu d'entre elles étaient convenablement représentées. — Voici la liste des délégués désignés :

Société de Géographie de Paris. — M. le colonel ARNOULD ;

Société de Géographie commerciale de Paris. — MM. GASTONNET DES FOSSES, VARAT et Félix LESEUR ;

Société des Études coloniales et maritimes. — MM. les colonels ARNOULD et FULGRAND ;

Société académique Indo-Chinoise. — MM. le marquis de CROIZIER et TROCHON ;

Club Alpin-Français. — MM. SACHÉ et MUDY ;

Société de Géographie de l'Ain. — M. CONVERT, professeur à l'École d'Agriculture de Montpellier ;

BORDEAUX. *Société de Géographie commerciale.* — M RAYET ;

DOUAI. *Union Géographique du nord de la France.* — M. CONS, professeur de Géographie à la Faculté des Lettres de Lille ;

LE HAVRE. *Société de Géographie commerciale.* — M. Denis GUILLOT ;

LORIENT. *Société Bretonne de Géographie.* — M. DELONCLE, secrétaire général ;

MARSEILLE. *Société de Géographie.* — MM. ARMAND, secrétaire général, et PILATTE ;

NANCY. *Société de Géographie de l'Est.* — MM. BARBIER, secrétaire général, et le Dr BLEICHER, professeur à l'École supérieure de Pharmacie ;

SAINT-NAZAIRE. *Société de Géographie commerciale.* — MM. COGNET, PUECH et TROCHON ;

ORAN. *Société de Géographie.* — M. GUISOLPHE ;

TOULOUSE. *Société de Géographie.* — MM. GUÉNOT, secrétaire général, CROUILLEBOIS, BONFILS, DE REY PAYADE ;

TOURS. *Société de Géographie.* — MM. le colonel BLANCHOT et TROCHON ;

PARIS. *Société de Topographie.* — M. BAYLE ;

PARIS. *Compagnie Paris-Lyon-Méditerranée.* — M. ECHALIER, chef du service commercial.

MM. le prince Roland Bonaparte, le comte de Camarès, Léon Moncelon, qui avaient annoncé leur arrivée et promis leur collaboration à titre individuel, n'ont pas paru. Plusieurs des délégués ci-dessus énumérés se sont également excusés ou abstenus. Ces abstentions, dont il ne faut accuser sans doute que l'époque inusitée de la réunion, n'ont pas été sans exercer une influence fâcheuse sur la marche du Congrès, car plusieurs des absents devaient être rapporteurs de questions qui n'avaient même été mises au programme que sur leur demande et pour eux.

Une autre déception nous était réservée. M. de Mahy, ancien

ministre, vice-président de la Chambre des députés, le savant et l'orateur si connu et si estimé, qui avait déjà présidé le Congrès de Bourg, avait reçu du bureau et favorablement accueilli l'offre de présider le Congrès de Montpellier. La veille encore de l'ouverture, il annonçait par lettre son arrivée. Le lendemain matin, un télégramme nous apprenait brusquement qu'une maladie subite l'obligeait à garder la chambre et l'empêchait de tenir sa promesse. Il fallut chercher et trouver, séance tenante, un autre président. Heureusement, M. le général Borson, que sa compétence spéciale et ses travaux antérieurs en matière géographique désignaient à notre choix, voulut bien consentir, avec une extrême obligeance et une exquise courtoisie dont il est juste de le remercier, à remplacer M. de Mahy au pied levé, et à présider la séance solennelle d'ouverture. Mais, obligé par son service de s'absenter les jours suivants, il n'a pu, à son grand regret et au nôtre, garder la présidence effective du Congrès. Il était forcé que la marche du Congrès se ressentît quelque peu de ces divers malentendus et de ces accidents imprévus. Malgré tout, grâce à l'activité du bureau, grâce au concours toujours éclairé et dévoué des délégués, les délibérations ont suivi leur cours régulier, et les résultats en ont été aussi satisfaisants qu'on pouvait l'espérer. Le Congrès de 1890 a été digne des précédents, ainsi qu'on peut s'en assurer par le compte rendu de ses diverses séances.

Mardi, 27 mai 1890.

Séance du matin, à 10 heures.

Le Congrès devait se tenir dans le grand amphithéâtre de la Faculté des Lettres ; c'est là qu'avaient été convoqués les délégués pour le mardi 27 mai 1890, à 10 heures du matin.

Cette première séance était réservée à la réception et à la présentation des délégués et à la fixation de l'ordre du jour des travaux du Congrès. Elle était donc privée. Elle a eu lieu sous la présidence de M. Duponchel, président de la Société Languedocienne, assisté du bureau, savoir : MM. le colonel Fulcrand et Cazalis de Fondouce, vice-présidents; Malavialle et Pélissier, secrétaires; Pouchet, archiviste, et Tissié-Sarrus, trésorier.

Après l'appel et la présentation des délégués, M. Duponchel communique à l'assemblée le télégramme de M. de Mahy, président désigné du Congrès, annonçant sa maladie subite et l'impossibilité dans laquelle il se trouve, malgré ses vifs regrets, de tenir ses engagements. M. Duponchel propose alors d'envoyer à M. de Mahy un télégramme de regrets, au nom du Congrès, et d'offrir la présidence à M. le général Borson. Sa proposition est accueillie à l'unanimité, et MM. Pouchet, Auriol et Malavialle, sont chargés de cette mission.

On fixe la séance solennelle d'ouverture à 2 heures et demie du soir. Elle sera remplie par une allocution de bienvenue de M. le maire de Montpellier, chargé de saluer les délégués au nom de la ville, par un discours du général Borson, président du Congrès, enfin par un rapport de M. Malavialle, secrétaire général, sur le rôle et l'utilité des Sociétés et des Congrès de Géographie.

L'assemblée décide ensuite qu'il y aura les jours suivants deux séances par jour : l'une à 9 heures du matin, privée, réservée aux délégués, destinée à la lecture des rapports sur les travaux des diverses Sociétés et à la discussion des questions qui entraînent le vote d'un vœu; l'autre à 2 heures du soir, publique, pour les communications et les rapports sur les questions d'un intérêt plus général. Il pourra y avoir en outre, hors séances, des conférences publiques sur diverses questions géographiques, en dehors même du programme. Les séances seront présidées successivement par un délégué de chaque Société représentée, à tour de rôle, et suivant l'ordre d'ancienneté de la Société. Le président sera assisté de deux assesseurs, pris l'un parmi les délégués officiels des ministères, l'autre parmi les délégués des Sociétés.

La séance est levée à midi.

Mardi soir, 27 mai 1890, à 2 h. 30.

Séance solennelle d'ouverture.

La séance est ouverte à 2 h. 1/2 du soir, sous la présidence de M. Duponchel, président de la Société. — Sur l'estrade d'honneur prennent place, avec le bureau de la Société, avec les délégués des ministères et des Sociétés de Géographie, MM. les généraux Borson, Lallemand et de Puymorin; M. Laissac, maire de Montpellier; M. Marais, secrétaire général, représentant M. le préfet Pointu-Norès; M. Charles Leenhardt, président de la Chambre de commerce; Frédéric Cazalis, président de la Société d'Agriculture; Dellon, ingénieur en chef; M. Marès, membre de l'Institut, secrétaire perpétuel de la Société d'Agriculture de l'Hérault; M. le commandant Massenet.

Dans la salle, un auditoire nombreux et choisi se presse sur les bancs : des officiers, des magistrats, des professeurs des Facultés ou du Lycée, des étudiants, des dames.

M. Duponchel, président de la Société, donne lecture à l'assemblée du fâcheux télégramme de M. de Mahy, lui fait part du télégramme de regrets que le bureau décide de lui envoyer, lui annonce ensuite que M. le général de division Borson a bien voulu consentir à le remplacer à l'improviste, remercie ce dernier au nom de la Société et du Congrès, et lui cède la présidence.

M. le général Borson, président, donne alors la parole à M. Laissac, maire de Montpellier, qui souhaite, dans les termes suivants, la bienvenue aux délégués des divers ministères et des Sociétés françaises de Géographie qui ont répondu à l'invitation de la Société Languedocienne.

MESSIEURS,

La ville de Montpellier est heureuse d'accueillir dans ses murs les représentants les plus autorisés de la Science géographique.

Nous savons l'importance de ces assises solennelles où les questions les plus intéressantes sont étudiées avec méthode et compétence. En choisissant notre Cité pour siège du 11ᵉ Congrès national, vous lui avez fait un honneur dont nous vous sommes reconnaissants.

Je dois dire que parmi nous vous comptez de nombreux fidèles, et je ne saurais oublier les services rendus par la Société Languedocienne de Géographie, qui s'applique avec tant de zèle à répandre dans notre région le goût d'une science que l'on a trop souvent accusé les Français de négliger.

Vous êtes donc assurés d'être entourés des sympathies que méritent vos savants travaux. Le grain que vous venez semer parmi nous ne tombera pas sur un sol ingrat : il y grandira et portera de riches moissons au profit de notre chère patrie et de l'humanité.

Au nom de la ville de Montpellier, Messieurs, soyez les bienvenus.

M. le général Borson se lève ensuite et prononce le discours suivant, que l'assemblée accueille par des applaudissements unanimes, charmée de sa souveraine distinction et de sa grande hauteur de vues :

MESSIEURS,

C'est pour moi un grand honneur mais un peu inattendu que celui de prendre l'un des premiers la parole dans ce Congrès de Géographie. J'ai cédé aux instances empressées et flatteuses de MM. les membres de la Société Languedocienne et de son savant Président. Je remplis en même temps un devoir, celui de représenter ici le Général commandant le Corps d'armée, président d'honneur de la Société de Géographie, retenu loin de Montpellier par les exigences du service. C'est en son nom, Messieurs, que je souhaite la bienvenue aux délégués des divers ministères, ainsi qu'à MM. les membres des Sociétés françaises de Géographie, réunis aujourd'hui dans cette enceinte ; tous ont répondu à l'appel qui leur a été fait avec l'empressement d'hommes dévoués à la science et au pays.

A défaut de titres personnels plus sérieux, vous me pardonnerez de rappeler ici les quelques services que j'ai pu rendre à la géographie au cours de ma longue carrière, qui témoigne de mon goût pour cette étude.

Né dans les Alpes, qui ont toujours eu pour moi un attrait puissant, j'ai été appelé à en explorer successivement les deux versants. D'abord de 1851 à 1855 comme jeune officier employé au nivellement géodésique du Piémont ; puis de 1861 à 1864 comme directeur des Travaux géodésiques et topographiques de la Carte de France dans les Départements annexés. J'ai été heureux de pouvoir ainsi contribuer à faire mieux connaître les pays de race française qui, fidèles à leur nationalité, sont venus se réunir à la mère-patrie, pour en former désormais les limites naturelles et le boulevard.

Nous sommes encore, Messieurs, sous l'impression des fêtes qui viennent de se célébrer à Montpellier en l'honneur de son Université six fois séculaire. Les représentants éminents de la science étrangère sont venus de loin apporter leurs hommages à sa gloire passée et leurs souhaits pour l'avenir. La science géographique n'a pu revendiquer dans cette réunion qu'une place très secondaire. Elle est, en effet, l'une des dernières venues dans le monde de la science moderne, mais elle aspire à y figurer à l'avenir avec honneur, et chaque jour on voit s'étendre son horizon. Par sa définition même, qui est d'explorer notre globe, de le connaître et d'en reproduire la figure dans tous ses détails, la terre entière est son domaine. A ce titre, il est peu de sciences qui ne soient ses tributaires.

La physique terrestre et la haute géodésie s'y rattachent indissolublement. Elles étudient la forme et les dimensions du globe et fixent les points de repère essentiels à la topographie. Celle-ci vient à son tour représenter minutieusement la configuration accidentée du sol, les constructions de toute nature, œuvres de l'homme et créées pour ses besoins, enfin les cultures et le régime des eaux.

Le dessin dans sa variété ingénieuse sert à figurer ces objets de manière à les rendre sensibles aux yeux ; quant aux renseignements descriptifs pour lesquels le dessin est insuffisant, ils sont recueillis et classés par la statistique sous la forme de résultats généraux.

La géographie suppose donc une chaîne de travaux qui touchent en haut aux opérations les plus délicates et exigent les instruments les plus perfectionnés, en bas à l'art modeste de l'arpenteur. La géométrie et le dessin cartographique sont ses premiers auxiliaires. Ce double caractère des œuvres qui sont du domaine de la géographie peut être mis en évidence, en ce qui concerne la France, où la même période de temps a vu d'une part l'exécution des grands travaux géodésiques de l'illustre Perrier, pour la nouvelle mesure de la Méridienne et le rattachement de l'Espagne à l'Afrique par des triangles de 180 kilom. de côté, de l'autre l'exécution par le dépôt de la guerre de belles cartes en couleur de notre colonie africaine. Permettez-moi de mentionner aussi la publication de la carte d'Afrique de M. le commandant Delannoy de Bissy, mon compatriote, à laquelle cet officier a consacré près de dix ans de sa vie et qui lui a valu la reconnaissance du monde savant.

Partout la géographie prise dans son acception la plus étendue, c'est-à-dire la description et la représentation du terrain, arrive comme l'auxiliaire de la civilisation. Elle marque comme sa prise de possession du sol. Elle en fait connaître les richesses agricoles et industrielles ainsi que les moyens les plus commodes de les exploiter. Elle donne l'essor aux spéculations privées. J'en citerai comme exemple les services rendus par les travaux géographiques et topographiques de Tunisie et de sa belle carte, dont l'exécution a suivi de près l'établissement du protectorat français.

Mais, si ces travaux représentent le rôle de la Géographie dans les pays déjà ouverts à la civilisation et assujettis à une occupation régulière, il en est d'autres non moins importants et plus dangereux, ce sont ceux qui ont pour objet les portions encore inexplorées du globe, et qui ont pris de nos jours un si grand développement. La rapidité et la facilité des communications devaient amener ces résultats. L'homme a montré récemment dans l'exploration de la terre toutes les ressources de son génie, de son courage et de son industrie. Il a pénétré avec Nordenskiöld dans les mers glacées du pôle ; avec Livingstone, Stanley, Soleillet, Oscar Lenz, Serpa Pinto, de Brazza et plus récemment avec Binger, Trivier, dans les déserts ou dans les solitudes mystérieuses du continent noir, affrontant les dangers et les privations de toutes sortes. Honneur, Messieurs, à ces vaillants explorateurs dont plusieurs ont payé de leur vie leur dévouement à la science.

Mais ici, comme partout dans le domaine des connaissances humaines, on a reconnu le peu d'efficacité des efforts individuels et la nécessité d'une organisation pour les diriger, les coordonner, réunir les ressources matérielles aux expéditions lointaines.

De là sont nées nos Sociétés de Géographie françaises, sous l'inspiration de la première d'entre elles, la Société de Géographie de Paris. C'est elle qui, en dehors de l'État et ne relevant que de ses propres forces, a donné l'essor à la science géographique trop longtemps négligée parmi nous; elle seconde puissamment notre service géographique de l'armée dont les travaux ont figuré avec avantage à l'Exposition universelle. A côté de lui, les ministères de la Marine, des Travaux publics, de l'Intérieur s'occupent également de publications intéressantes destinées à faire mieux connaître le sol sous tous ses aspects. Cette variété de travaux est dans la nature des choses, les services des Ponts et Chaussées, des Mines, des Forêts, de l'Hydrographie, ont chacun leurs exigences et doivent accommoder les cartes à leurs besoins spéciaux. Mais ces travaux n'auraient-ils pas besoin d'une entente concertée sous l'inspiration d'une pensée d'un ordre élevé et rationnel ? n'y a-t-il pas dans l'état actuel déperdition de forces ?

Les renseignements généraux qui sont du ressort de chacune des grandes administrations de l'État sont-ils fournis aux autres sous la forme la plus commode, la plus utilisable ? La concordance des échelles est-elle établie de manière à permettre le rapprochement des documents? En un mot, n'est-il pas urgent d'aviser à établir un lien qui fasse concourir tous ces efforts au même but ? C'est une question, Messieurs, sur laquelle je me permets d'appeler votre attention et à laquelle je serais heureux, comme ancien directeur du service topographique au dépôt de la guerre, d'apporter quelque lumière.

A côté de la Société centrale de Géographie de Paris, les Sociétés locales occupent une place importante dans ce nouvel organisme. Elles étudient les questions spéciales qui intéressent l'orographie et l'hydrographie de chaque région et qui doivent conduire à une connaissance toujours plus complète du sol de notre France. Sous ce rapport, la région de Montpellier, qui embrasse à la fois le littoral avec ses modifications anciennes et actuelles et le versant Sud du Plateau central avec ses Causses et ses vallées profondément creusées, offre un champ de travail des plus variés ; qu'il me soit permis de dire que la Société Languedocienne sous la direction de son éminent président est fidèle à ce mandat.

Enfin il fallait des assises générales pour donner aux diverses Sociétés de France la facilité d'échanger leurs vues, de mettre en commun leurs efforts, de s'éclairer pour la solution des questions d'intérêt général ; tel est le but de nos réunions, tel est le caractère du Congrès national qui tient sa XIe session à Montpellier.

Ainsi s'est organisé le faisceau de la Science géographique française, qui n'est elle-même qu'une maille du vaste réseau qui s'étend aujourd'hui par delà toutes les frontières pour rendre plus féconde l'action de la civilisation. Puissent la conquête et l'exploration du globe ne se faire désormais que par les voies pacifiques du colon, du voyageur et du missionnaire, apportant les premiers les ressources du commerce et de l'industrie, le second les lumières d'une religion bienfaisante; ce vœu ne coûte rien à mon caractère de soldat, car c'est la tradition de la France et de ses explorateurs d'obéir avant tout à ses instincts généreux de fraternité et d'expansion sociale ! Mais, si l'armée a encore un rôle à jouer dans ces pays lointains pour frayer la voie à la civilisation, soyez assurés, Messieurs, qu'elle inscrira sur son drapeau les droits sacrés de la justice et de l'humanité.

Discours de M. MALAVIALLE.

Du rôle et de l'utilité des Sociétés et des Congrès de Géographie.

Mesdames, Messieurs,

Puisque, contrairement à l'usage, tout à fait à l'improviste et à mon grand regret (plaise au ciel que ce ne soit pas au vôtre !), je suis obligé de prendre la parole dans une circonstance aussi solennelle, je vais en profiter pour vous exposer brièvement et simplement quelques réflexions personnelles sur le rôle et l'utilité possible des Sociétés et des Congrès de Géographie. Cet exposé sera une sorte de préface de nos travaux. Je voudrais même qu'il en devînt l'idée directrice. Ce désir vous paraîtra peut-être au premier abord quelque peu ambitieux. Mais vous me le pardonnerez aisément, quand vous aurez reconnu qu'il m'est suggéré non pas par le malin plaisir de la critique, toujours facile, ou par une arrière-pensée d'amour-propre, mais uniquement par le souci passionné de la vérité et de la science. Qu'importe la personne, si l'idée est juste et si elle peut devenir une semence féconde ?

Un des faits remarquables de ces vingt dernières années, c'est incontestablement le réveil des études géographiques en France. On nous avait tant dit, après 1871, qu'une des raisons de notre défaite avait été l'ignorance de la Géographie, que tout le monde, au lendemain de ces douloureuses épreuves, s'est mis avec ardeur à supprimer au plus vite cette cause d'infériorité. L'armée a complètement reconstitué son service géographique, sous l'habile direction de M. le général Perrier, que vous avez connu, de M. le général Borson, que vous avez entendu tout à l'heure et qui a pu vous le dire avec plus d'autorité que moi, et de M. le général Derrécagaix, membre correspondant de notre Société, qui, empêché, à son grand regret, de venir prendre part à nos travaux, a bien voulu se faire représenter par un de ses plus distingués collaborateurs, M. le commandant Berthaut. — Les autres administrations ont réalisé les mêmes progrès en ce sens. Les délégués officiels des différents ministères, ici présents, pourraient en témoigner, et l'Exposition de 1889 l'a prouvé d'une façon palpable et éclatante. Actuellement, les productions cartographiques, statistiques ou géographiques de nos divers services ministériels sont fort remarquables et ne redoutent aucune comparaison de la part de l'étranger. Tout au plus pourrait-on leur reprocher encore de produire trop lentement et trop cher, de ne pas assez multiplier leurs tirages, de ne pas se tenir à jour, de ne pas se mettre à la portée de toutes les bourses et de tous les besoins par des éditions fragmentaires, rapides et à bon marché. Ces défauts, qui seront sans doute atténués et disparaîtront même peut-être par l'application des nouvelles méthodes de gravure zincographique, héliographique ou photo- typique, tiennent surtout, à mon avis, à la trop grande dis- persion du travail et de l'argent. Nous avons trop de types de cartes : chaque ministère veut avoir le sien et même souvent plusieurs. Il arrive ainsi que les efforts et les fonds sont dissé- minés dans des œuvres qui ne s'achèvent jamais, et qui sont à refaire avant de toucher à leur fin. Pourquoi ne pas les concen- trer dans un service unique, dans une sorte d'Institut géogra- phique, cartographique et statistique officiel, qui n'aurait que deux ou trois types de cartes, à différentes échelles, et qui, au moyen de la variation des couleurs et des teintes, les adapterait aux différents besoins, aux différents points de vue de chaque administration ? Il y aurait dans cette organisation simplifiée une grande économie de personnel, de capitaux et de temps. Mais enfin, ces réserves faites, ces défauts signalés, on ne saurait nier qu'il y ait eu grand progrès dans nos publications géographiques officielles depuis 1871.

De même on a développé et amélioré l'enseignement de la Géographie, soit dans les Facultés, soit dans les Lycées, soit dans les Écoles primaires. On a créé des chaires ; on a augmenté le nombre d'heures attribué à ces études ; on a renouvelé l'outillage

2

des manuels et des cartes. On a beaucoup fait. Il reste cependant encore beaucoup à faire. Le nombre des chaires dans les Facultés et des heures de cours dans les Lycées est encore insuffisant. Il y aurait peut-être lieu d'avoir une agrégation spéciale et des professeurs spéciaux de Géographie. Nos livres laissent encore à désirer. Malgré de louables efforts auxquels il est juste de rendre hommage, nos publications géographiques sont encore inférieures à celles des Allemands, nos rivaux. Nous n'avons pas de revue qui vaille les *Mittheilungen* de Petermann ; pas d'atlas qui égale ceux de Stieler, de Kiepert, de Sydow, de Sprüner, etc. ; pas de manuel qui puisse rivaliser avec celui de Daniel (la *Géographie universelle* de Reclus, si remarquable à beaucoup d'égards, n'est pas un ouvrage didactique et ne peut tenir lieu de manuel). Il y a beaucoup de tentatives intéressantes ; il y a d'excellentes œuvres de détail. Il n'y a pas encore dans notre science, nos études, notre enseignement géographique de méthode assurée, d'esprit de suite, d'organisation d'ensemble. Ce défaut tient encore à la dispersion du travail et des ressources. Je suis certain que les librairies françaises font de grands sacrifices ; qu'elles emploient autant et peut-être plus de personnel et de fonds pour les publications géographiques que les maisons étrangères ; seulement ces efforts, ces sacrifices, sont disséminés et par conséquent impuissants. Chaque éditeur veut avoir son atlas, ses globes, ses cartes et son manuel classiques. Ces sortes d'ouvrages, surtout les atlas, les globes et les cartes, coûtent fort cher, d'autant plus que le prix de la main-d'œuvre est sensiblement plus élevé en France qu'en Allemagne. Étant nombreux, ils se font concurrence les uns aux autres et se vendent en petit nombre. De là, l'obligation pour les éditeurs de se contenter d'un matériel sommaire, d'une exécution hâtive et insuffisante. Si le matériel est usé, les planches vieillies, les dessins surannés, c'est une énorme dépense que de les renouveler ; c'est un sacrifice considérable auquel on ne se résigne pas, ou seulement à la dernière extrémité. On conserve ainsi indéfiniment de vieux cadres démodés et condamnés depuis longtemps, en y faisant d'insignifiantes retouches. Ces *rossignols* mal rafistolés sont la plaie de la cartographie française, on pourrait même dire, en généralisant, de la librairie française. Car ce qui se passe pour les cartes, les globes et les atlas arrive aussi pour les manuels, les grammaires, les éditions d'auteurs et tout le reste de l'outillage scolaire classique. Le salut, le progrès est dans les librairies spécialisées, comme en Allemagne. Chacune, selon ses tendances, selon l'état actuel de son outillage, s'orienterait peu à peu vers l'ordre de spécialités qui lui conviendrait le mieux. Il y aurait alors des Instituts Géographiques comme Justus Perthes à Gotha, Dietrich Reimer à Berlin, Velhagen et Klasing à Leipzig, Hartleben et Hötzel à Vienne, etc.; des librairies d'éditions classiques comme Teubner ou Tauchnitz; des librairies philosophiques, littéraires, scientifiques, etc. Portant leur effort sur un seul point, assurées d'un débit et par conséquent d'un gain suffisant, les diverses maisons pourraient alors se donner un outillage sérieux et un personnel compétent, approprié à leur spécialité. La science y gagnerait beaucoup, et le commerce n'y perdrait rien. Cependant, malgré ces restrictions, on serait mal venu à méconnaître qu'il y ait eu un réel progrès dans l'enseignement et les publications géographiques scolaires depuis vingt ans.

Mais nulle part peut-être le réveil du goût pour les études géographiques ne s'est mieux manifesté que dans la constitution des Sociétés et l'organisation des Congrès. Nulle part aussi, une fois le premier moment d'enthousiasme passé, le manque d'entente et la dispersion des forces n'ont plus visiblement contribué à stériliser les efforts de cette renaissance bienfaisante qui donnait de si belles promesses.

Après 1871, il y eut dans le public français une véritable explosion d'amour de la Géographie, coïncidant avec le réveil du patriotisme surexcité et le désir de la revanche. Partout naquirent des sociétés, des bulletins, des revues géographiques. — Jusqu'alors, la France n'avait qu'une Société de Géographie, celle de Paris, la plus vieille et la plus prospère de toutes, il est vrai, remontant à 1821. Comme revues ou comme ouvrages périodiques de géographie, elle ne pouvait montrer que les *Annales des Voyages* fondées en 1808 par Malte-Brun, continuées par Eyriès, Ternaux-Compan, Vivien de Saint-Martin jusqu'en 1860, et remplacées à partir de 1860 par le *Tour du Monde* de Charton, qui dure encore; l'*Année Géographique*, créée par Vivien de Saint-Martin en 1863 et prolongée par Maunoir et Duveyrier jusqu'en 1882; enfin, l'*Univers pittoresque*, né en 1863. — Comme traité général, elle ne possédait que celui de Malte-Brun, plus ou moins revu par Lavallée ou Balbi; comme atlas, elle vivait sur les œuvres considérables, énormes, mais indigestes, informes, désagréables à l'œil et obscures pour l'esprit de Bruc, Lapie, Grosselin-Delamarche, Dufour, Chevallier. Comme dictionnaire, elle n'avait pas fait un pas depuis le XVIIIe siècle, et elle ne pouvait rien offrir de mieux que le La Martinière, plus ou moins revu, corrigé, démarqué ou résumé par Kilian et Picquet (1823-33), Ennery et Hirth (1840-41), Bouillet (1843), Bescherelle (1856), Dezobry et Bachelet (1857)

En quelques années, tout change. Les Sociétés et les Bulletins se multiplient : Société de Géographie commerciale de Paris (1873) ; Société de Géographie de Lyon (1874) ; Société de Géographie commerciale de Bordeaux (1874), avec son groupe géographique du S.-O. s'étendant sur toutes les villes de la région environnante ; Club Alpin Français (1874) ; Société de Géographie de Marseille (1875); Société de Topographie (1876) ; Société Languedocienne de Géographie, à Montpellier (1878) ; Société de Géographie et d'Archéologie d'Oran (1878) ; Union Géographique de l'Est ou Société de Géographie de Nancy (1878); Société normande de Géographie, à Rouen (1878); Société de Géographie de Lille (1879); Société de Géographie de Rochefort (1879); Société des Études coloniales et maritimes (1879); Société de Géographie de l'Ain, à Bourg (1881); Société bourguignonne de Géographie et d'Histoire, à Dijon (1881); Union Géographique du Nord de la France, à Douai (1881); Société bretonne de Géographie, à Lorient (1882) ; Société de Géographie commerciale de Nantes (1882) ; Société de Géographie de Toulouse (1882) ; Société de Géographie de Tours (1884) ; Société de Géographie commerciale du Havre (1884) ; Société de Géographie de Toulon ; Société Académique indo-chinoise ; Société de Géographie de Constantine, etc. En même temps surgissent de nombreuses revues et journaux : Gazette Géographique et Exploration (1875) ; Revue de Géographie de Drapeyron (1877) ; Revue Géographique internationale, de Renaud ; Revue Française, de Marbeau ; Gazette Coloniale ; Journal et Gazette des Colonies ; Géographie de Bayle, etc. Et ce mouvement coïncide avec l'apparition des ouvrages d'Élisée Reclus, de Levasseur, de Vivien de Saint-Martin (Dictionnaire et Atlas), de Marga, de Niox, de Schrader, de Joanne (Guides), de Vidal-Lablache, de Lanier, etc. Il y eut alors un admirable élan du public français vers les études géographiques. L'enthousiasme dégénéra même un moment en engouement irréfléchi et faillit dépasser le but. On alla jusqu'à dire, dans un discours reten-tissant, que «la Géographie, bien comprise, devait centraliser, à son profit, toutes les connaissances humaines». On alla jusqu'à écrire, dans un livre un instant célèbre, qu'elle devait servir de cadre à l'enseignement tout entier. On est un peu revenu aujour-d'hui de ces exagérations. Il n'en est pas moins vrai que ce réveil du goût pour les études géographiques en France a pro-duit quelques résultats durables, sinon tous ceux qu'on était en droit d'en attendre.

Le premier de ces résultats, c'est de détruire un préjugé trop longtemps répandu et accepté sans critique, savoir: que le Français n'a ni goût ni aptitude pour la géographie, qu'il n'a pas la tête géographique, pas plus que l'esprit colonisateur: assertion étrange *a priori* dans la patrie de d'Anville et de Reclus, démentie d'ailleurs par les faits d'une façon irréfutable. S'il vous restait quelques doutes à cet égard, ils seront bien vite dissipés par l'aveu même de nos peu bienveillants voisins d'outre-Rhin. Le *Geographisches Jahrbuch* de Gotha, dans son dernier bulletin, s'est amusé à relever le nombre des Sociétés de Géographie actuellement existantes, avec le chiffre de leurs adhérents et le montant de leurs revenus annuels. Il résulte de ce travail que depuis soixante et dix ans on a fondé 124 Sociétés de Géographie, dont 22 ont disparu. Il en reste donc aujourd'hui 102, ainsi réparties :

États.	Nombre de Sociétés.	Nombre de Sociétaires.	Budget.	Subventions.
Autriche-Hongrie......	2	1.950	35.400	3.750
France et Colonies.....	30	19.800	305.000	25.000
Allemagne............	22	9.200	115.000	11.500
Angleterre et Colonies..	9	5.600	246.000	43.000
Italie...............	4	2.500	79.600	29.000
Russie.............	5	1.330	137.800	72.150
États-Unis..........	3	1.500	85.000	
Belgique............	2	1.340	15.500	
Portugal............	2	1.275	54.170	3.500
Hollande............	2	1.190	28.430	1.350
Suisse..............	6	1.000	21.200	4.150
Suède..............	1	740	9.250	
Espagne............	2	720	27.500	2.000
République Argentine..	2	660	82.000	18.750
Danemark...........	1	504	5.250	
Brésil.............	4	500	45.000	27.800
Roumanie...........	1	211	10.000	1.000
Japon	1	200	12.100	
Égypte.............	1	150	12.500	10.000
Mexique............	1	150	12.750	
Pérou.............	1	35		
Total......	102	50.555	1.349.450	242.950

On voit par là que la France est le pays du monde qui a le plus grand nombre de Sociétés de Géographie, 30 sur 102, soit plus du quart (l'Allemagne 22, l'Angleterre 9), contenant le plus grand nombre de membres, 19,800 sur 50,555, soit près de la moitié (l'Allemagne 9,200, l'Angleterre 5,600), et jouissant des plus gros revenus, 305,000 sur 1,349,450, soit près du quart (l'Angleterre 246,000, l'Allemagne 115,000, la Russie 137,800). Par exemple, la Société de Géographie de Paris a 2,200 membres et plus de 100,000 fr. de recettes annuelles, tandis que celle de Berlin (Gesellschaft für Erdkunde) n'a que 990 membres, avec 40,000 fr. de cotisations et 100,000 fr. de capital. Comme les subventions officielles entrent pour fort peu de chose dans

ces chiffres (25,000 fr. à peine sur 305,000), moins qu'en Russie
(72,150 sur 137,800), en Angleterre (43,000 sur 246,000) et en
Italie (29,000 sur 79,600), mais un peu plus, il est vrai, qu'en
Allemagne (11,500 sur 115,000), on serait mal venu à accuser
le public français de répugnance ou même d'indifférence envers
la géographie.

Ces Sociétés de Géographie, nées spontanément et presque
simultanément de toutes les parties du sol français, ont rendu
incontestablement de grands services à la science géographique.
D'abord, elles lui ont créé des amis et des ressources. Beaucoup
de personnes qui n'auraient jamais songé à faire partie d'une
association scientifique lointaine, ayant son siège à Paris, dont
elles ne connaissent ni les promoteurs, ni les membres, et qui ne
représente pour elles qu'une entité abstraite, se laissent enrôler
volontiers dans une société locale, par esprit de camaraderie,
par entraînement, par patriotisme de clocher ou de province, ou
encore par amour-propre personnel et par ambition de jouer
un rôle dans leur petite sphère. De là, des adhésions, des dons,
des subventions, dont la science profite. Tous ces sentiments, dont
un esprit critique de parti pris aurait beau jeu à railler le côté
mesquin et ridicule, sont après tout légitimes, plutôt louables
que blâmables, et constituent en tout cas un puissant moyen
d'action, dont on aurait bien tort de se passer quand on a conscience de faire œuvre utile. De plus, la société, une fois créée,
donne des conférences, publie des bulletins, organise des
excursions, reçoit les explorateurs et donne au public l'occasion
de les entendre, institue des cours, fonde des prix, provoque
des travaux de géographie générale, régionale ou locale, et contribue ainsi de toute façon à vulgariser la science, à la développer
et à la faire aimer. Enfin, et ce n'est pas là le moindre de ses
avantages, par ses acquisitions ou par ses échanges avec les sociétés
analogues de la France ou de l'étranger, elle constitue des archives
et des bibliothèques de la plus grande utilité pour les travailleurs,
et leur fournit des collections de renseignements et de documents
qu'ils trouveraient difficilement ailleurs. Les Sociétés de Géogra-

phie rendent donc de très grands services, et il ne faudrait pas les condamner en bloc et à la légère.

Il est certain cependant qu'elles n'ont pas tenu tout ce qu'elles promettaient. Nées d'une heureuse disposition et d'un puissant mouvement de l'opinion publique, elles n'ont pas su en tirer tout le parti possible en l'entretenant, en le dirigeant et en l'éclairant. L'ardeur s'est ralentie, et la plupart languissent. Les réunions, les conférences sont peu suivies ; les bulletins se traînent péniblement, sans intérêt et sans originalité. Elles conservent, par la vitesse acquise et la force de l'habitude, un grand nombre de membres adhérents et payants ; elles en ont peu d'actifs. Tout le travail retombe sur quelques victimes trop dévouées, qui perdent leur temps et leur peine à préparer ou à composer périodiquement des communications qu'ils savent devoir être peu écoutées ou des bulletins qui ne seront pas même coupés du plus grand nombre des destinataires. Si bien que tout se réduit trop souvent à un gaspillage de travail et d'argent. C'est ainsi que, tout en faisant plus de sacrifices que les pays voisins, la France n'a pas de bulletin qui soit comparable à ceux des sociétés allemandes, pas même ceux de la Société de Géographie ou de la Société de Géographie commerciale de Paris, qui, tout en étant bourrés de renseignements et de faits, sont très incommodes et très difficiles à consulter, à cause du défaut de plan et du désordre de la composition.

Quelles sont les causes de cette infériorité et quels sont les moyens d'y remédier ?

La cause principale, c'est le manque d'organisation et d'entente, la dispersion des forces. Les sociétés agissent trop isolément. Chacune veut avoir son bulletin absolument indépendant, ses cartes, ses publications, ses congrès. Elle s'y épuise, elle s'y ruine, et elle ne réussit à rien faire d'intéressant. Quand il s'agit de composer le bulletin, comme on a des matériaux insuffisants, on accepte tous les articles qui se présentent : on y ajoute des variétés et quelques nouvelles réunies de tous côtés, à la hâte, à coups de ciseaux, des comptes rendus rapides et insignifiants de deux ou trois ouvrages reçus, une chronique géographique très incomplète et la plupart du temps faite de pièces et de morceaux, de vieux et de neuf, et on livre au public un fascicule sans aucun intérêt : rien de nouveau, rien d'original. Et, dans presque toutes les sociétés, la publication de ce bulletin sans valeur absorbe toute l'activité et toutes les ressources. Les plus fortunées organisent quelques conférences et appellent quelques explorateurs, et tout est dit. Mais tout cela manque généralement de valeur scientifique aussi bien que d'agrément, et c'est ainsi que le public s'en désintéresse peu à peu.

Voilà le défaut. Quel est le remède ? On pourrait être tenté de le chercher dans la diminution du nombre de sociétés. Mais, à mon avis, ce serait une erreur et une faute. Assurément, si, en supprimant la plupart des sociétés et des bulletins, et en les réduisant à un petit nombre de types divers, où les travaux seraient répartis non par régions, mais par matières, où les communications et les articles seraient payés et bien payés à des hommes compétents, ce qui en assurerait la régularité et l'excellence, on pouvait espérer conserver le même nombre de sociétaires et d'abonnés, cela vaudrait mieux. Mais il est à craindre que, les sociétés locales et provinciales disparaissant, les adhérents n'en profitent pour se retirer, et il est bon de continuer à intéresser l'esprit local et provincial à la science géographique. On se priverait du reste par là d'un certain nombre de travaux locaux intéressants en eux-mêmes. Enfin, il n'est pas nécessaire, pour qu'une société vive, qu'elle étende son action sur de grands espaces et qu'elle ait un nombre très considérable de membres. Si nous comparons les divers pays à ce point de vue, en nous reportant au tableau précité, nous voyons que les sociétés françaises ont un chiffre de membres au moins égal, sinon supérieur, à celui des sociétés étrangères ; la moyenne pour la France est de 660 membres par société avec un budget de 10,166 fr.; pour l'Allemagne, de 418 seulement avec 5,227 fr. ; pour l'Angleterre, de 700 avec 27,333 ; pour l'Italie, de 625 avec 19,900 fr.; pour la Russie, de 266 avec 27,760 ; pour l'Autriche-Hongrie, de 975 avec 17,700, etc. Les sociétés allemandes, qui sont les plus vivantes, sont les moins fortunées, et la Société de Paris, qui est la plus ancienne, la plus nombreuse et la plus riche de toutes, n'est pas celle qui produit les plus intéressants travaux. Il n'est pas mauvais qu'il y ait une Société de Géographie dans chaque région naturelle de la France, à côté de chaque Université ayant une chaire de géographie, ou dans chaque grand port susceptible de recevoir des nouvelles ou naturellement porté à aimer les questions géographiques. Le principal est précisément d'intéresser ces différents milieux à la géographie, et c'est là que gît le remède.

Pour cela, que faut-il faire ? Le meilleur moyen est de donner au public l'impression qu'une Société de Géographie est chose éminemment utile, et de justifier cette impression en la rendant réellement utile par une direction plus méthodique de son travail et un emploi plus pratique de ses ressources : de montrer qu'elle répond à certains besoins de l'esprit public dans tout grand centre intellectuel, et de satisfaire ces besoins.

Quels sont ces besoins? — Le premier de tous, évidemment, pour tout homme intelligent et instruit, est de se tenir au courant de ce qui arrive et de ce qui paraît, le plus rapidement, le plus fréquemment et le plus complètement possible. Le premier devoir d'une Société de Géographie est donc d'être une agence d'informations géographiques, de publier les nouvelles géographiques, découvertes, explorations, voyages, travaux, négociations, traités, guerres, conquêtes, annexions, remaniements politiques, territoriaux et administratifs, statistiques, dénombrements, recensements, mesures géodésiques, ascensions et évaluations d'altitude, observations météorologiques, climatologiques ou pluviométriques remarquables, sondages bathymétriques significatifs, curiosités naturelles, accidents physiques (éruptions volcaniques, tremblements de terre, mouvements oscillatoires du sol, failles, inondations importantes, tempêtes extraordinaires, marées surprenantes), accidents sociaux (famines, épi-

démies, émigrations ou immigrations notables), accidents économiques (découverte ou exploitation de mines nouvelles,
utilisation d'un nouveau produit minéral, végétal ou animal,
naissance ou développement d'un nouveau trafic, exécution de
grands travaux publics internationaux, ouverture de nouvelles
routes commerciales ou abandon des anciennes), en un mot tous
les renseignements susceptibles de modifier sensiblement, utilement, conformément à la réalité des choses, la connaissance
traditionnelle que nous avons, soit de la terre en général, soit
d'une région, soit d'un pays particulier. Cet ensemble de documents constitue la *chronique* ou le *mouvement géographique*.
Ce devrait être la partie essentielle de l'œuvre d'une Société de
Géographie. Il faudrait que cette chronique parût tous les mois
au moins, en un petit fascicule à part de quelques feuilles ;
qu'elle fût rapide, nette, bien ordonnée, disposant ses informations dans un ordre méthodique toujours le même, dans un
cadre fixe qui serait celui même de la terre, partie du monde
par partie du monde et pays par pays ; de telle façon qu'on pût
sans tâtonnements y trouver immédiatement, à une place connue
d'avance, les renseignements qu'on voudrait y chercher ; il faudrait enfin qu'elle fût complète, de telle sorte que la collection
de ces fascicules constituât à la fin de l'année le compte rendu
exact de tout le mouvement géographique de l'année et donnât
pour chaque contrée tout ce qu'il y a de nouveau à connaître
pour corriger ou compléter les notions connues ou reçues. —
Les *Mittheilungen* de Petermann offrent l'exemple et le modèle
d'une chronique de ce genre. En France, il n'en existe pas.
La Société de Géographie de Paris publie bien un «compte rendu
bi-mensuel des séances de la commission centrale». Ce petit
fascicule est plein de renseignements géographiques. Malheureusement, ces nouvelles sont mêlées avec le reste de la correspondance : notifications, renseignements, avis divers, dons,
admission de membres ou présentation de candidats, souscrip-
tions, discours, ordres du jour ; elles sont noyées dans tous ces
détails peu intéressants d'organisation intérieure, mal classées

et par conséquent peu nettes. Le journal *la Géographie* est hebdomadaire ; mais c'est moins un organe d'informations, ce qu'il
devrait être exclusivement, qu'un recueil d'articles douteux et
de polémiques trop souvent haineuses et partiales. La *Revue
française* paraît tous les quinze jours ; mais sa chronique est
insuffisamment informée, et sa composition prête du reste, dans
un autre sens, à des critiques du même genre. La *Revue de Géographie*, de Drapeyron, est aussi très incomplète et très inégale :
même insuffisance d'informations, de ressources et, partant,
d'articles sérieux, car, ne payant pas, ou très peu, ses collaborateurs, elle n'a pas abondance de matériaux, et, comme malgré
tout il faut publier tous les mois un fascicule, elle imprime ce
qu'elle peut. En province, la seule publication fréquente est le
Bulletin bi-mensuel de la Société de Géographie de Bordeaux,
intéressant par certains côtés, notamment en ce qui concerne le
Sénégal et le Soudan, pour lesquels elle a des renseignements de
première main, mais où le reste de la chronique géographique est
insignifiant. Les autres, à commencer par le Bulletin de la
Société de Géographie commerciale de Paris, ne sont que bimes-
triels ou trimestriels, c'est-à-dire toujours retardataires pour les
nouvelles, quand même ils seraient, ce qui est l'exception,
méthodiques et complets. Il n'en est aucune qui réalise les trois
conditions indispensables d'une publication géographique vraiment intéressante et utile : fréquence, suffisance et ordonnance
méthodique des informations. Cette constatation pénible ne m'est
pas imposée, croyez-le bien, par le malin plaisir d'une critique
facile, qui nous atteint du reste autant que les autres, mais
par le sentiment très vif d'une lacune regrettable pour la science
géographique française, et je suis persuadé qu'à ce point de
vue, dans l'auditoire éclairé qui m'entend, personne ne songera
à m'en vouloir de sacrifier le plaisir d'être agréable à l'ambition
d'être utile.

Mais, me direz-vous, ce programme est irréalisable. Superbe
idéal sans doute, mais, comme tout idéal, impraticable. Il n'y
a pas de Société de Géographie qui ait à sa disposition des moyens

d'information assez rapides et assez complets pour publier tous les mois une semblable chronique. — D'accord, et c'est là précisément que je voulais en venir. Programme irréalisable, isolément oui, collectivement non. D'où nécessité pour les diverses Sociétés de s'entendre à cet égard.

Ces nouvelles géographiques sont les mêmes pour toute la France. Pourquoi, au lieu de chercher à se les procurer séparément, ce qui est impossible, ou de se copier réciproquement, ce qui est absurde, les différentes Sociétés ne conviendraient-elles pas de s'adresser à une agence commune de renseignements, à laquelle elles seraient abonnées, et qui leur enverrait tous les mois la chronique géographique toute prête, qu'elles n'auraient plus qu'à tirer au nombre d'exemplaires nécessaire, ou même toute tirée, si elles se décidaient, ce qui vaudrait mieux à beaucoup de points de vue et ce qui serait moins cher, à adopter le même format? Cette agence commune, défrayée à frais communs, pourrait être, soit le bureau de la Société de Géographie de Paris ; soit une agence ordinaire de publicité, comme l'agence Havas, qui créerait à cet égard un service spécial; soit une grande maison de librairie, comme Hachette ou Delagrave, qui se disputent le titre d'Institut géographique, ou d'autres encore, comme Colin, Garnier, Belin, Masson, qui ont fait ces dernières années de grands efforts en ce sens; soit encore le service d'informations récemment créé au sous-secrétariat d'État des colonies, correspondant naturellement avec les différents agents, fonctionnaires, chargés de missions, consuls, administrateurs, missionnaires, voyageurs officiels ou libres dans les colonies françaises ou les pays étrangers. C'est là une simple question d'entente, qu'il ne serait peut-être pas impossible de réaliser, malgré des susceptibilités et des obstacles inévitables, vu l'intérêt général qui en résulterait évidemment. En tout cas, c'est le meilleur et peut-être le seul moyen, pour les Sociétés de Géographie, de répondre au plus impérieux besoin du public et de remplir le premier de leurs devoirs, qui est de se tenir constamment au courant des nouvelles géographiques.

Un autre besoin légitime du public, et partant un autre devoir impérieux des Sociétés de Géographie, c'est de savoir et d'annoncer toutes les publications géographiques qui paraissent, c'est-à-dire d'avoir une chronique bibliographique régulière et complète. A ce point de vue encore, la plupart de nos bulletins et de nos revues laissent beaucoup à désirer, car ils ne signalent que les ouvrages qu'on leur envoie, et même en double exemplaire. Ici encore, les périodiques allemands nous offrent un exemple à suivre et un modèle à imiter, notamment les *Mittheilungen* de Petermann et la *Zeitschrift der Gesellschaft für Erdkunde* de Berlin, qui mentionnent tous les livres et tous les articles géographiques de quelque importance, soit de l'Allemagne, soit de l'étranger. Chaque bulletin, chaque revue de géographie devrait en faire autant. Ce récolement bibliographique, qui est le même forcément partout, pourrait aussi être fait par un service commun à toutes les Sociétés, et leur être adressé tout prêt, et même tout imprimé, sous forme de bulletin, soit mensuel, soit trimestriel, soit annuel, formant un tout complet, méthodique, clair, de façon à indiquer tout ce qui a paru dans le mois, le trimestre ou l'année, sur chaque question générale, chaque partie du monde, chaque région ou chaque pays en particulier. Il va sans dire que chaque Société conserverait et ferait bien de conserver le droit et l'habitude de signaler à l'attention de ses membres et de ses lecteurs, d'une façon spéciale, par des mentions particulières ou des analyses détaillées, qui seraient jointes au bulletin bibliographique général, les livres ou les brochures qui lui paraîtraient les plus intéressants à son point de vue, ou même simplement ceux qu'elle aurait reçus personnellement pour sa bibliothèque, ce qui suffirait à en assurer l'entretien.

Un autre désir légitime du public, c'est de voir et d'entendre les explorateurs célèbres, dont il connaît les noms ; de recueillir de leur bouche même les détails de leurs voyages, qui ont toujours ainsi plus de vie, d'intérêt et de saveur. Il aime à fixer ses connaissances, ses idées dans les traits d'une personne. Voir lui plaît mieux que savoir, et écouter que lire. La physionomie et la parole vivantes le frappent plus que le livre. Il y a là un attrait naturel de curiosité, que les Sociétés ont le devoir de satisfaire et le droit de mettre à profit. — L'organisation de grandes conférences publiques, faites par les explorateurs eux-mêmes, entre donc dans leur mission et peut constituer un de leurs plus puissants moyens d'action. — Mais ces sortes de séances solennelles coûtent cher : non pas du fait des conférenciers, qui généralement n'exigent rien pour eux-mêmes et offrent gracieusement leur concours, mais en frais de voyage et de déplacement, dont il est juste qu'ils soient indemnisés. Le moyen de faciliter ces communications en diminuant les dépenses est que les Sociétés s'entendent pour organiser des tournées, comme elles l'ont du reste essayé dans ces derniers temps. Les frais se répartiraient ainsi entre elles et seraient plus aisément supportables. Ici encore, l'entente peut donner d'heureux résultats.

Chronique géographique bien informée, bulletin bibliographique complet, conférences des grands explorateurs et comptes rendus des principales explorations, tels sont les trois services essentiels que le public éclairé demande aux Sociétés de Géographie et qu'elles doivent lui rendre pour l'intéresser à leur œuvre. Cette triple mission, il leur est facile de la remplir par une entente commune, en formant une sorte de fédération scientifique, capable de créer et d'alimenter une puissante source d'informations, où elles puiseraient toutes au même titre. Toutes auraient les mêmes nouvelles, toutes les nouvelles et en même temps, de telle façon qu'un membre d'une Société provinciale quelconque serait aussi vite et aussi rapidement informé qu'un membre de la Société de Géographie de Paris, au moins par le bulletin. Ce serait une organisation analogue à celle que s'est donnée, il y a quelques années, la presse politique. Autrefois il y avait en province de grands journaux hebdomadaires ou bi-hebdomadaires, dont la chronique, copiée sur celle des feuilles parisiennes, était toujours incomplète et retardataire. Ces journaux ne pouvaient pas durer ainsi ; ils manquaient totalement d'actualité. On ne pouvait pourtant les supprimer, à cause de leur intérêt local. On

ne pouvait pas davantage songer à les doter d'un service analogue à celui des grands journaux parisiens : c'eût été trop cher.
Qu'ont fait les directeurs ? — Ils se sont entendus, ont fondé
ou développé de grandes agences de renseignements, comme
l'agence Havas, qui, moyennant abonnement, leur fournissent
tous les jours les nouvelles, qu'ils télégraphient à leurs journaux.
C'est ainsi que les feuilles de province sont aussi bien et aussi
vite informées que celles de Paris. Elles n'en diffèrent que par
la chronique locale, la valeur, l'importance et la variété des
articles de fond.— Une organisation analogue s'impose pour les
bulletins géographiques. C'est le seul moyen de leur donner un
intérêt général, tout en leur conservant un intérêt local ; de
concilier l'unité nécessaire de l'information scientifique générale
avec la diversité, très profitable à beaucoup d'égards, des aptitudes, des tendances, des besoins, des habitudes, des informations et des sujets d'études provinciaux ou locaux.

Car, outre leurs devoirs et leurs avantages généraux, les Sociétés
de Géographie ont des devoirs et des avantages locaux : entretenir le goût des études géographiques par des conférences fréquentes, faire appel à toutes les bonnes volontés et à tous les
dévouements, fonder des prix d'encouragement, instituer, si
possible, des cours pratiques, accessibles au grand public, surtout
susciter des travaux originaux et spéciaux, régionaux ou locaux.
Cette action locale ou régionale, cette série d'actes régionaux ou
locaux serait la partie originale et spéciale de chaque Société
particulière. C'est par là qu'elle se distinguerait des autres
et qu'elle justifierait son existence propre en ajoutant au service
de la vulgarisation géographique générale le mérite de la
création scientifique sur certains points. — Ces conférences,
ces travaux locaux, constitueraient les publications vraiment
intéressantes de chaque Société, les seules dignes de l'attention des
autres, les seules susceptibles d'échange. Elles paraîtraient par
fascicules isolés, numérotés par ordre, achetables séparément,
et d'ailleurs sans régularité aucune. En dehors du service d'information géographique et bibliographique régulier, mensuel,

trimestriel ou annuel, les Sociétés ne se croiraient pas tenues de remplir à la hâte, à un moment précis, et n'importe comment, un bulletin d'une longueur déterminée. Quand elles auraient un Mémoire intéressant, elles le publieraient. A elles de s'arranger pour en avoir le plus grand nombre et des meilleurs. C'est à cette production scientifique spéciale qu'on les jugerait. Ce serait la pierre de touche de leur valeur.

Ainsi les Sociétés de Géographie auraient une double série de devoirs et rendraient deux genres de services : information générale et direction du travail local. Elles auraient aussi une double série de publications : les unes générales, chronique géographique et bibliographique, communes à toutes les Sociétés; les autres locales, spéciales à chacune. Ces dernières seules formeraient la collection propre des travaux de la Société et seraient soumises à l'échange. Cette organisation nouvelle présenterait de grands avantages. D'abord elle assurerait à tous les membres de toutes les Sociétés une information régulière et suffisante, ce qui est, après tout, le principal. — Ensuite elle supprimerait les répétitions, les compilations à coups de ciseau, le remplissage, qui sont la plaie des bulletins, pousserait au contraire aux travaux originaux et rendrait les publications bien plus intéressantes. Ce qui frappe aujourd'hui quand on prend une série de bulletins de différentes Sociétés, c'est qu'ils se composent aux trois quarts des mêmes choses, copiées l'un sur l'autre, ou à une source commune. Les articles particuliers et intéressants sont noyés au milieu de ce fatras, quelquefois même dispersés entre plusieurs fascicules : de sorte que, si on veut se les procurer ou les consulter, il faut acheter et remuer beaucoup de papier inutile. Les collections de ces bulletins sont encombrantes plus encore qu'utiles. — Au contraire, avec le nouveau système, tout ce qui est information générale serait commun à toutes les Sociétés, et exclu de l'échange, destiné seulement à être distribué aux membres de la Société. Les travaux particuliers seuls seraient publiés à part par chaque Société en fascicules distincts, soumis à l'échange et à la vente.

3

Il en résulterait de grandes économies de papier, de temps et de place. D'ailleurs, ces travaux étant mentionnés dans les chroniques bibliographiques, ceux qui les trouveraient intéressants et qui croiraient en avoir besoin les achèteraient isolément, sans être obligés de s'embarrasser d'un ou plusieurs bulletins aux trois quarts inutiles.

Voici donc, en résumé, comment seraient organisés les travaux et les publications des Sociétés.

1° Partie commune à toutes les Sociétés et à tous les bulletins.

A. Chronique géographique mensuelle.

B. Chronique bibliographique trimestrielle ou annuelle.

C. Comptes rendus des grandes explorations et des grandes découvertes scientifiques ayant un intérêt général.

Ces trois sortes d'informations pourraient être données à toutes les Sociétés, contre abonnement, par un bureau géographique central, dans des fascicules tout préparés, destinés seulement à être tirés par chaque Société à un nombre d'exemplaires correspondant au nombre de ses membres ou même, ce qui serait encore plus commode, plus rapide et plus économique, dans des fasci· cules tout imprimés d'avance, que le bureau central enverrait à chaque Société en quantité suffisante et que le bureau de la Société n'aurait qu'à transmettre à ses membres.

2° Partie spéciale à chaque Société et à chaque bulletin, savoir:

A. *Actes de la Société*, réunions, décisions, nomination du bureau, présentation ou réception de membres nouveaux, comptes rendus de cours pratiques, de concours régionaux ou locaux, d'ouvrages spécialement intéressants pour la Société ou offerts à la Société, nouvelles et chronique particulières aux membres de la Société. — Tout cela pourrait former de petits fascicules mensuels ou trimestriels, destinés seulement aux membres de la Société, et qui seraient joints régulièrement par le bureau de la Société aux précédents, lors des envois réguliers, mensuels ou trimestriels.

B. *Travaux et mémoires de la Société*, formant une série numérotée de fascicules isolés, paraissant sans aucune régularité, et seulement quand il y en aurait un d'intéressant. — Ces mémoires seraient seuls destinés à l'échange et à la vente.

Dans la cotisation de membre de chaque Société, une partie serait affectée au service commun et serait la même pour toutes: elle servirait à payer l'abonnement au bureau central.—L'autre partie servirait à couvrir les frais du service particulier : et elle varierait avec chaque Société, selon le nombre de ses membres, l'importance de ses travaux et de ses publications.

De cette façon, il me semble que toutes les Sociétés deviendraient plus intéressantes et plus actives et qu'on concilierait les avantages d'une entente commune avec ceux de l'action régionale, provinciale et locale.

La nécessité d'une organisation plus précise et plus strictement scientifique me parait s'imposer aux Congrès des Sociétés de Géographie, aussi bien qu'aux Sociétés de Géographie elles-mêmes.

Les Congrès nationaux des Sociétés de Géographie françaises sont nés de la pensée et du besoin de coordonner les travaux des différentes Sociétés, d'en constater les résultats annuels, d'en combiner l'action vers un intérêt et un progrès commun, celui de la Science géographique. C'était une excellente idée, et qui a produit d'heureux effets. Un des plus incontestables et des plus appréciables, à mon avis, c'est de mettre en relations personnelles, et par conséquent amicales, les géographes des diverses régions de la France qui se connaissent déjà de nom et par leurs écrits, de rendre ainsi leur collaboration plus intime et plus efficace, d'en faire non seulement une association de travailleurs, mais presque une famille. Croyez, Messieurs, que, plus que personne, je suis sensible à cet avantage et que je m'en félicite hautement, avec toute la fraîcheur et la vivacité d'une première impression, puisque c'est la première réunion de ce genre à laquelle j'ai l'honneur et le plaisir de prendre part.

Cet avantage tout moral n'est du reste pas le seul. Les dix Congrès qui ont eu lieu régulièrement depuis douze ans, Paris (1878), Montpellier (1879), Nancy (1880), Lyon (1881), Bordeaux (1882), Douai (1883), Toulouse (1884), Nantes (1886), Le Havre (1887), Bourg (1888), ont donné aussi des résultats matériels d'ordre scientifique. La collection de leurs comptes rendus est assurément fort utile à consulter : on y trouve des travaux, des mémoires, des rapports, des conférences, des discours d'une grande valeur et d'un puissant intérêt ; plusieurs de leurs décisions et de leurs vœux, réalisés par le gouvernement, par des particuliers, ou par des Sociétés, ont eu d'heureuses conséquences pratiques. Pourrait-il en être autrement, quand on les voit dirigés, présidés par des hommes comme MM. de Lesseps, Germain, Levasseur, Foncin, Drapeyron, le général Perrier, Bouquet de la Grye, de Mahy, et quand on relève sur la liste de leurs membres tant de noms illustres, soit par le savoir, soit par le dévouement, dans la science géographique française, noms très connus de vous, Messieurs, et qu'il serait trop long d'énumérer. (Je m'exposerais du reste, en vous les rappelant, soit à commettre des omissions aussi inévitables que regrettables, soit à blesser la modestie de quelques-uns d'entre vous)?

Cependant, comme nous ne sommes pas ici uniquement pour nous dire des amabilités, et nous adresser mutuellement des félicitations, je me permettrai de penser et de dire que les Congrès ne sont pas tout à fait ce qu'ils devraient être, et qu'ils ne donnent pas les résultats qu'on serait en droit d'en attendre. Leur organisation me paraît être défectueuse et leur utilité médiocre, surtout depuis quelques années.

Je n'irai pas jusqu'à prendre à mon compte ce que m'écrivait, il y a quelques jours, le plus illustre de nos géographes, en réponse à une invitation de prendre part à nos travaux. «Je vous avouerai que j'ai peur des fêtes et des Congrès. J'y vois parfois tant de petites choses étrangères à la Science et aux intérêts de la chose publique que je reviens malade de ces réunions et trop désireux de solitude.» Pour moi, je ne suis pas à ce point misanthrope, et je suis persuadé que tous les membres des Congrès sont guidés par le seul intérêt de la science et de la patrie. Mais il s'agit précisément de rechercher quel est le meilleur moyen de servir l'une et l'autre dans ces réunions annuelles.

Sommes-nous en possession de ce moyen ? Sommes-nous dans la bonne voie ? Pour ma part, je ne le crois pas, et je vois une très grande différence entre ce que sont les derniers Congrès et ce qu'ils devraient être.

Qu'ont été les Congrès géographiques nationaux de ces dernières années ? des réunions assurément fort agréables ; très utiles à la science ? c'est plus douteux. Voici comment les choses se passent généralement : la Société qui convoque dresse un programme composé, moitié de questions qu'elle propose, moitié de questions qui lui sont proposées par les autres Sociétés, et qu'elle est obligée d'accepter, par politesse, pour éviter tout froissement. Ce questionnaire, formé de pièces et de morceaux, est forcément sans méthode. Il n'est même pas suivi. Au Congrès, le secrétaire général ou le délégué de chaque Société fait un rapport sommaire sur ses travaux annuels. Puis chacun traite une question à sa convenance personnelle. La plupart des questions choisies et traitées sont, non pas d'ordre purement scientifique, comportant des renseignements précis et des documents utiles, mais d'ordre économique ou politique, se prêtant à des généralisations vagues, à des variations aussi faciles qu'oiseuses, à des discussions aussi abondantes qu'insolubles, comme les questions coloniales. — Chacun apporte son système, indique ses préférences, fait valoir ses arguments ; débat confus et diffus, d'où ne jaillit aucune lumière, d'où ne se dégage aucune conclusion ; qui n'aboutit à rien le plus souvent, ou qui aboutit, quand il se termine, à un ordre du jour sans valeur et sans sanction, destiné à aller se perdre dans les cartons poudreux de quelque ministère. — Ce défaut a été surtout sensible à Bourg, où on n'a guère agité que des problèmes économiques ou coloniaux. En lisant les comptes rendus de ce Congrès, rédigés sur les notes d'un sténographe, les discours de MM. de Mahy et Sabatier, les discussions pour et contre, les tirades coupées d'interruptions ou d'applaudissements, les ordres du jour et les votes, on croirait assister à une séance de la Chambre ; le malheur est que les décisions de ce Parlement géographique n'ont qu'une valeur toute platonique et ne sont suivies d'aucune exécution réelle. Mais alors, que peut-il en résulter ? Quelque agrément peut-être pour l'auditeur, s'il a la chance d'entendre des orateurs éloquents ou de fins conférenciers ; mais, comme effet pratique, peu de chose, et comme acquis scientifique, rien du tout. Ajoutez à cela que beaucoup de ces questions n'ont même pas le mérite de la nouveauté. Car il y en a qui sont colportées de Congrès en Congrès et resservies d'année en année par leurs auteurs, dont elles constituent la spécialité et la manie, avec cette obstination naïve et douce des fanatiques d'une idée fixe, qu'aucun accueil ne décourage et qu'aucun échec ne rebute. Aussi beaucoup de géographes, et non des moins sérieux, sont-ils trop portés à fuir les Congrès comme une obsession, ou tout au moins à les mépriser comme une perte de temps. C'est cette abstention, justifiée ou non, qui est la principale cause de leur décadence et de leur échec relatif.

Le moyen de les rendre intéressants et utiles, et par conséquent fréquentés, c'est de les ramener à une organisation plus précise, plus scientifique, plus technique. Qu'ils ne s'exagèrent pas leur importance et qu'ils comprennent mieux leur rôle. Moins ambitieux d'une influence pratique, qu'ils soient plus soucieux de leur mission scientifique. Leur objet, ce n'est ni le gouvernement, ni la colonisation, ni l'administration, c'est la constitution de la science géographique. Sauf des cas très rares et tout à fait spéciaux, où des renseignements techniques pourraient être nécessaires et décisifs, et permettraient de donner une solution précise, qu'ils laissent au Gouvernement, au Parlement, aux Commissions et aux Assemblées compétentes le règlement des problèmes économiques, politiques, sociaux et administratifs, et qu'ils s'occupent exclusivement des questions purement géographiques. Cela ne veut pas dire qu'il doive être interdit aux membres des Sociétés et des Congrès de Géographie d'avoir leur opinion et même de l'exprimer au besoin sur certaines affaires d'intérêt général et national: c'est le droit et, même à certains moments, le devoir de tout citoyen. Mais ceci doit être l'exception et non la règle, l'accessoire et non le principal.

Le rôle essentiel des Congrès doit être, à mon avis, d'établir tous les ans le bilan de la science géographique française ; de coordonner les travaux de toutes les Sociétés, de montrer les résultats acquis et les lacunes à combler, les progrès réalisés et les progrès à réaliser, de faire l'inventaire des connaissances et des ignorances, soit dans le domaine de la science pure, théorique et technique, soit dans le champ des explorations de la terre ou de ses différentes parties ; de fixer les solutions définitives et de poser les problèmes à résoudre, afin de diriger de ce côté les travailleurs et les explorateurs, d'éviter les doubles emplois, les tâtonnements et les déperditions de force et d'assurer à la science géographique une marche continue et précise, un développement constant et assuré. De plus, comme les Congrès ont lieu successivement dans des régions différentes et des villes diverses de la France, on pourrait en profiter pour traiter sur place des questions régionales ou locales, en appuyant les démonstrations théoriques d'un certain nombre d'excursions pratiques, de façon à faire connaître *de visu* chaque année aux visiteurs étrangers, membres du Congrès, une contrée nouvelle de notre pays. Ce serait le meilleur moyen de joindre, selon le précepte de la sagesse antique, l'utile à l'agréable, de rendre nos réunions annuelles pleines d'intérêt et d'y attirer ainsi de nombreux collaborateurs, savants, curieux ou touristes.

Si vous jetez un coup d'œil sur le double programme de questions à traiter et d'excursions à faire que nous avons eu l'honneur de vous soumettre, vous verrez, Messieurs, que, tout en tenant compte des habitudes reçues et des traditions établies, tout en mentionnant, par exemple, toutes les questions qui nous ont été proposées, ce que nous ne pouvions nous dispenser de faire sans éveiller de légitimes susceptibilités, nous avons essayé pourtant d'orienter nos travaux dans le double sens que je vous indique, et que je signale à votre attention : inventaire des connaissances géographiques générales ; questions et excursions locales. Ce n'est pas que nous espérions réussir d'emblée : on ne rompt pas ainsi d'un coup avec le passé ; mais nous serions heureux de contribuer pour notre part à faire adopter à l'avenir une méthode plus scientifique et plus rationnelle, et à renouveler ainsi l'intérêt et l'utilité des Congrès de Géographie.

Ce qu'il faut retenir en tout cas de cette trop longue dissertation, que je vous prie de me pardonner, c'est qu'il est nécessaire, pour conserver et pour accroître la vitalité de nos Sociétés et de nos Congrès de Géographie, pour leur faire produire tous les résultats qu'on est en droit de leur demander, de les entretenir, de les imprégner de plus en plus de l'esprit, de l'amour de la science, d'en faire des foyers actifs de production et de vulgarisation scientifique, de donner ainsi l'impression que ce sont des organes utiles, indispensables de toute société éclairée, et de justifier cette impression par les services rendus, c'est-à-dire par une information abondante, régulière et précise sur toutes les questions importantes et même sur tous les détails intéressants d'ordre géographique général, et par une étude patiente, progressive et approfondie des questions d'ordre géographique local. Satisfaire ce double besoin, réunir ce double intérêt, là est l'avenir des Sociétés et des Congrès de Géographie. Je ne prétends pas avoir résolu le problème, mais je crois qu'il y en a un à résoudre, et c'est déjà beaucoup de le poser. Vous me pardonnerez de l'avoir fait en toute liberté et en toute franchise, avec plus de souci de la vérité que des complaisances, mais sans aucune arrière-pensée et sans autre mobile que l'amour de la science, que le désir d'en assurer les progrès et la bienfaisante expansion.

L. MALAVIALLE.

Mercredi, 28 mai 1890.

Séance du matin, à 9 heures.

Présidence de M. Leseur, délégué de la Société de Géographie commerciale de Paris, assisté comme assesseurs de M. le commandant Berthaud, délégué du Ministre de la Guerre, et de M. Auriol, avocat, membre de la Société Languedocienne de Géographie.

Le président donne lecture d'une lettre de M. le général Borson, s'excusant en raison de ses occupations professionnelles de ne pouvoir garder la présidence effective du Congrès :

Montpellier, 27 mai 1890.

MONSIEUR ET CHER PRÉSIDENT,

Je pars pour Lodève et Mende en inspection générale, et je ne pourrai pas être de retour à Montpellier avant la huitaine. Je serai donc privé du plaisir de suivre les travaux du Congrès et de celui de prendre congé de la réunion où j'ai reçu aujourd'hui des marques de sympathie dont je suis très flatté et reconnaissant. C'est pour moi un regret sincère, car en parcourant le programme des questions qui doivent être étudiées, j'en ai vu plusieurs qui m'auraient très vivement intéressé ou qui m'auraient permis de prendre quelque part à la discussion. Je suis obligé de remettre ces études à plus tard, c'est-à-dire au moment assez prochain où je serai rendu à la vie privée. Quelle que soit la ville où je me fixerai, la science géographique y comptera un adepte de plus, et je n'oublierai pas l'honneur qui m'a été fait à Montpellier en me faisant présider la séance d'ouverture du Congrès géographique de 1890. C'est une dette que je tâcherai d'acquitter de quelque manière.

Veuillez, Monsieur et cher Président, être mon interprète auprès de MM. les Membres du Congrès et du Bureau de la Société et agréer la nouvelle assurance de ma haute considération.

Général BORSON.

D'une lettre de M. le colonel Blanchot, délégué de la Société de

4

Géographie de Tours, s'excusant par suite d'un malentendu de ne pouvoir y assister :

Tours, 26 mai 1890.

MONSIEUR LE PRÉSIDENT,

J'ai le regret de me voir, au dernier moment, dans l'impossibilité de me rendre à Montpellier pour prendre part aux travaux du Congrès comme délégué de la Société de Géographie de Tours. Je vous prie d'agréer l'expression de ce regret et de vouloir bien la transmettre au Congrès avec mes excuses pour ce défaut que je fais bien involontairement et dont je ne crois pas inutile de vous donner la cause.

Le Congrès avait été, paraît-il, car je n'ai jamais reçu d'avis officiel, fixé au 23 mai ; puis, il fut reculé au 2 juin, ainsi que l'a annoncé le journal *la Géographie* dans son numéro du 27 mars. Depuis lors je ne vis aucun autre avis, et je pris toutes mes dispositions pour être libre à la date voulue et organisai en conséquence mes obligations de service.

Lorsque, il y a trois jours, rentrant d'une mission, j'ai découvert dans le dernier numéro de *la Géographie* que le Congrès commençait le 27, il ne m'était pas possible de m'absenter à ce moment, ayant précisément mis à cette époque de fin de mai des devoirs de service qui ainsi devaient me laisser libre au commencement de juin.

Je suis d'autant plus désolé de ce déplorable contre-temps que je tenais absolument à réparer, cette année, des malentendus qui s'étaient produits au Congrès de Bourg en 1888 à l'égard de questions dont j'étais le rapporteur et qui, par suite de mon absence et de celle de mon suppléant, sont sorties de la route que comptait leur voir suivre la Société de Tours. Ces deux questions sont celles dont je devais être encore le rapporteur et pour lesquelles j'ai préparé deux nouveaux mémoires.

J'avais également disposé diverses autres études sur les questions du programme, et je regrette vivement de ne pouvoir les présenter. Aussi, et bien que ne prenant pas part aux discussions, je demande au Congrès d'accueillir mes rapports dans le compte rendu qui sera publié à la suite de ses travaux.

Je n'ai vraiment pas la fortune souriante avec les Congrès que vous voulez bien présider, et je demanderai la permission d'aller vous saluer et vous en exprimer mes regrets lors de mon premier voyage à Paris.

En attendant, Monsieur le Président, je vous prie d'agréer l'expression de ma haute considération et de vouloir bien offrir au Congrès l'assurance de mes sentiments distingués et dévoués.

Colonel BLANCHOT,

Chef d'État-major du IXe corps, Délégué officiel de la Société de Tours au Congrès de Montpellier.

M. Castonnet des Fosses, délégué de la Société de Géographie commerciale de Paris, se présente au Congrès.

M. Malavialle, secrétaire général, donne lecture de deux intéressantes communications :

1° Mémoire de M. Fernand Viala, ingénieur civil, ancien élève de l'École polytechnique, sur la contestation Franco-Hollandaise dans les Guyanes.

Contestation franco-hollandaise dans les Guyanes.

La contestation actuelle de terrain entre la France et la Hollande, au sujet de leurs colonies guyanaises, contestation qui est aujourd'hui soumise à l'arbitrage de la Russie, donne un intérêt d'actualité à une question de géographie physique qui peut se rattacher à la quatrième question du programme du Congrès de Montpellier.

Cette contestation porte en effet sur le territoire des Guyanes compris entre les deux branches du fleuve du *Maroni*, qu'on appelle l'*Awa* (côté de la Guyane française) et le *Tapanahoni* (côté de la Guyane hollandaise). De ces deux branches l'une est probablement plus importante que l'autre et doit être considérée physiquement comme la mère. Toutefois, il est très difficile de s'en rendre compte, attendu que les étiages d'hivernage et d'été sont très différents sur l'une et l'autre branche, et que, suivant la saison où l'observation est faite, c'est tantôt l'une et tantôt l'autre des deux branches qui peut donner le plus fort débit.

Dès lors, est-ce l'*Awa* ou le *Tapanahoni* qui doit être considéré comme la limite des deux Guyanes française et hollandaise en amont du confluent, le *Maroni* proprement dit étant la limite incontestée dans toute la partie d'aval ?

Certes, on pourrait admettre que l'*Awa* est plus important que le *Tapanahoni*, en invoquant des considérations physiques qui se retrouvent dans d'autres régions, et que nous allons examiner. Mais il ne faudrait pas pour cela se presser de conclure que l'*Awa* doit être considéré comme la limite des deux Guyanes, et cela en raison de la disposition relative des deux branches, et de l'esprit, sinon de la lettre, du traité qui a établi pour la première fois cette limite, entre deux régions voisines de la mer, dont l'intérieur était à peine ou n'était pas même exploré.

A l'époque notamment où cette délimitation a été faite, c'est-à-dire au commencement du xviiie siècle (Traité d'Utrecht, 1713), tout l'intérêt des colonies guyanaises était concentré sur la côte, dans la région des Terres-Basses, et la colonisation avait là un champ suffisamment étendu pour qu'il n'y eût pas lieu de se préoccuper même de l'avenir des Terres-Hautes.

Quelques explorateurs, il est vrai, avaient pénétré dans l'intérieur à la recherche du fameux champ d'or, *El Dorado*, que la légende se plaisait à placer entre les *Amazones* et l'*Orénoque*. Mais ce n'est qu'au milieu du xixe siècle que la première découverte des mines d'or devait donner à cette légende un fond de vérité, qui s'est encore accru ces dernières années, à la suite de découvertes importantes faites précisément dans le territoire contesté (rive gauche de l'Awa).

Par suite, la question importante, au xviiie siècle, était de délimiter la région des Terres-Basses, et il parut naturel, pour cela, d'adopter, comme ligne de délimitation, un cours d'eau, dont la direction moyenne, jusqu'à une grande distance de la mer, est sensiblement perpendiculaire au rivage océanien.

Les deux branches du *Maroni*, qui entourent le terrain contesté, descendent de la chaîne du *Tumuc-Humac*, dont la crête est à peu près parallèle à la côte océanienne dans cette région. C'est du reste la direction d'un soulèvement, entièrement indépendant du soulèvement de la grande chaîne des Andes, et qui limite : d'une part la rive gauche du grand bassin des Amazones, et d'autre part une partie de la rive droite de l'Orénoque avec une série de petits bassins, formés par les contre-forts de la chaîne principale.

Les fleuves de ces petits bassins, qui traversent les trois Guyanes française, hollandaise et anglaise, sont donc parallèles entre eux, et, comme les contre-forts principaux, à peu près perpendiculaires à la chaîne du Tumuc-Humac ; c'est-à-dire que leur cours moyen est à peu près perpendiculaire à la côte océanienne.

Cette orographie générale était certainement soupçonnée, sinon connue, dans ses grands traits, avant la conclusion du Traité d'Utrecht ; et, si un cours d'eau a été adopté comme ligne de démarcation entre les deux colonies, c'est précisément parce que son cours était supposé à peu près perpendiculaire à la côte.

Or, représentons-nous, en général, deux rivières qui descendent d'une même chaîne et qui se réunissent, avant d'aller se jeter dans la mer, dont le rivage est parallèle à la chaîne. On s'explique *a priori* que celle des deux qui s'écarte le plus de la normale à cette direction commune, ayant le plus grand développement, doit recevoir la plus grande quantité d'eau et par conséquent doit être considérée physiquement comme la mère. Si d'autre part les principaux contre-forts sont à peu près perpendiculaires à la chaîne principale, le cours moyen du fleuve formé par la réunion des deux rivières sera aussi perpendiculaire et à la chaîne et au rivage ; c'est-à-dire qu'il paraîtra plutôt être le prolongement de la branche affluent que celui de la branche mère.

Ces conditions, qui se sont présentées pour le Maroni, se retrouvent fréquemment dans les cours d'eau guyanais. On pourrait d'ailleurs expliquer d'une manière analogue que la *Saône*, prolongement apparent du *Rhône*, quand on remonte ce fleuve, n'en est que l'affluent.

On pourrait donc, d'après ces considérations physiques, adopter l'*Awa* comme le vrai *Maroni*. Mais, au point de vue de la délimitation des Guyanes, les considérations qui précèdent, reposant sur une connaissance de l'orographie plus approfondie qu'elle ne pouvait l'être il y a plus de 150 ans, ne sauraient avoir une influence prépondérante. Et il convient plutôt d'interpréter l traité en raison des connaissances probables de l'époque où a été établie la délimitation.

C'est pour cela que nous pouvons prétendre à la possession du triangle limité par l'*Awa*, le *Tapanahoni* et la crête du *Tumuc-Humac*. Dans tous les cas, aujourd'hui que la colonisation n'est plus uniquement concentrée sur les Terres-Basses, et que des intérêts puissants attirent les colons français et hollandais jusque dans l'intérieur, notamment pour l'exploitation de gisements aurifères, on pourrait respecter l'ancienne limite du Maroni jusqu'au confluent de l'*Awa* et du *Tapanahoni* et adopter à partir de ce point, vers le Sud, une ligne conventionnelle intermédiaire entre ces deux branches, par exemple : *la ligne méridienne géographique*, qui diffère peu, dans cette région, du méridien magnétique. Et notons, en passant, que cette conclusion serait même une concession faite à la Hollande, car si, pour se conformer à l'esprit du traité, on adoptait le prolongement du cours moyen du *Maroni*, c'est-à-dire une perpendiculaire à la côte, la limite ainsi déterminée pénétrerait plus avant, dans le territoire contesté, vers la Guyane hollandaise.

Ce que nous devons souhaiter avant tout, c'est une prompte solution, car l'exploitation des gisements aurifères du territoire contesté, qui s'est faite quelque temps librement, est arrêtée aujourd'hui, du consentement commun des deux gouvernements, et ne pourra être reprise que lorsque la délimitation définitive permettra de réglementer les concessions de terrains.

Une solution ne s'imposerait pas moins pour notre contestation avec le Brésil, sur la frontière opposée de la Guyane française. Bien qu'on n'ait pas encore signalé de gisements aurifères importants, sur la rive droite de l'*Oyapock*, notre limite provisoire actuelle, il y a là en effet un terrain très vaste qui n'est pas moins fertile que celui de notre Guyane incontestée, et qui est même plus cultivé.

D'ailleurs, cette contestation avec le Brésil paraît encore moins fondée que celle avec la Hollande : l'*Oyapock* n'a en effet rien de commun avec la rivière de *Vincent Japock*, désignée dans le même traité d'Utrecht, et qui est beaucoup plus rapprochée du fleuve des Amazones, si elle n'est pas même le bras le plus septentrional du delta de ce fleuve.

Quoi qu'il en soit, si la question ne peut être résolue à l'amiable, on pourrait, comme pour la contestation hollandaise, s'en remettre sans réserves à la décision d'un arbitre. Il y va de l'intérêt commun du Brésil et de la France : toute l'Amérique centrale est, en effet, appelée, par sa grande fertilité, à devenir un centre de production agricole très important, et cela aussitôt que le percement du *Panama*, dont l'exécution n'est que retardée, aura ouvert la route directe, par laquelle l'Extrême-Orient pourra envoyer dans ces contrées à peu près vierges l'excédent de sa population, toujours rapidement croissante.

2° Lettre de **M. C. Maistre**, chargé d'une mission scientifique avec MM. Catat et Foucart, sur Madagascar.

Fianarantsoa, 3 avril 1890.

Cher Monsieur,

C'est avec un vif plaisir que je viens vous donner de mes nouvelles et de celles de mon compagnon de voyage, le Dr Catat.

Comme vous le savez sans doute, M. G. Foucart, ingénieur, qui nous accompagnait, a dû rentrer en France pour raison de santé ; c'est seulement quelques mois après notre arrivée à Madagascar que les fièvres nous ont privés de ce charmant compagnon.

Depuis que j'ai eu l'honneur de vous écrire, nous avons, le Dʳ Catat et moi, exploré les régions septentrionales de l'île.

. . . .

Nous sommes partis de Tananarive le 3 août pour Tamatave par une route dite du roi Radama I. Cette voie légendaire, fermée jusqu'alors aux Européens et que l'on prétendait plus courte et meilleure que la route ordinaire, nous réservait de grandes surprises : difficultés du chemin, immenses marais et fondrières, forêts impénétrables et enfin, pour comble de malheur, aucun village sur notre route, impossibilité de nous ravitailler et obligation de nous contenter pour toute nourriture de quelques singes malgaches (lémuriens) et des fruits que nous trouvions dans les bois. Je ne parle pas d'une pluie torrentielle que nous avons dû supporter pendant vingt-deux jours, sans aucune espèce d'abri.

Enfin, exténués et rongés par la fièvre, nous arrivions le 25 août à Tamatave.

Après quelques jours de repos, nécessaires pour réorganiser notre convoi, nous nous mettons en route pour le Nord, comptant nous élever jusqu'à la baie d'Antongil.

Ce voyage le long de la côte est très intéressant ; ce n'est plus le sol aride et dénudé des hauts plateaux, mais bien au contraire un terrain partout couvert d'une végétation luxuriante. Les grandes forêts de la chaîne côtière, au loin vers l'Ouest, couvrent les montagnes d'un riche tapis de verdure et viennent jusqu'au rivage.

L'argile rouge a disparu et se trouve remplacée par une couche sablonneuse recouverte à maints endroits d'une grande épaisseur de terre végétale.

De nombreux villages se trouvent sur les bords du littoral ; quelques-uns même sont très importants, tels que Foulepointe, Mahambo, Fénerife, Ivongo, etc. On y fait un commerce assez notable de riz, caoutchouc, cire, rafia, bœufs, cuirs, etc.

Malheureusement, cette zone maritime, avec ses immenses

lagunes, ses marais profonds, ses cours d'eau considérables, son climat torride, où tout concourt en un mot à entretenir une humidité excessive, est éminemment malsaine. L'Européen a beaucoup de peine à supporter ce climat meurtrier.

La population de cette région composée principalement de Betanimena au Sud et d'Antavaratra au Nord, est assez dense. Ces deux tribus font partie de la grande famille Betsimisaraka.

Dans les derniers jours de septembre, nous arrivions à Mananara, petite ville située dans la baie d'Antongil.

Depuis quelque temps déjà, j'avais ressenti cruellement les atteintes de la fièvre.

Je tombai sérieusement malade, et je me trouvai dans l'impossibilité de continuer le voyage. Sur les instances du Dr Catat, je me décidai non sans regret à retourner à Tamatave pour y attendre ma guérison. J'effectuai ce voyage par mer, sur une petite goëlette qui se trouvait en partance, et, après une traversée de onze jours, assez mouvementée, j'arrivai enfin à Tamatave, où je me rétablis assez rapidement.

A peine remis, je songeai à reprendre le cours de mes explorations. Je remontai dans le Nord jusqu'à Fénerife et de là, à travers bois, je gagnai le lac Alaotra par une route que j'étais le premier à parcourir.

J'ai pu relever complètement cette région, sillonner en tout sens le lac, la plus grande nappe d'eau connue de Madagascar.

Le lac Alaotra a environ, sans y comprendre les marécages, 38 kilom. du Nord au Sud sur une largeur moyenne de 6 kilom. D'après mes observations, la position du lac Alaotra doit être rapportée sur les cartes de près d'un demi-degré vers l'Ouest.

Je descendis ensuite vers le Sud à Ambatondrazaka, capitale des Schanaka, et, après avoir traversé le pays des Bezanozano, j'arrivai enfin à Tananarive au commencement de novembre.

Le Dr Catat, que j'avais laissé à Mananara, avait continué notre exploration ; il s'était enfoncé directement vers l'Ouest, avait traversé la ligne de partage des eaux entre l'océan Indien et le canal de Mozambique et était arrivé à Mandritsara, poste militaire hova fondé récemment chez les peuplades du Nord.

De Mandritsara le docteur fut assez heureux pour gagner Majunga malgré les nombreuses difficultés qu'il rencontra et les obstacles qu'il dut surmonter à travers un pays inconnu. Il venait ainsi de traverser l'île de l'Est à l'Ouest en suivant à peu près le 16° de latitude sud, s'élevant un peu au nord de l'itinéraire suivi par l'infortuné Rutemberg, qui périt assassiné dans ces régions en 1878.

De Majunga le Dr Catat revenait à Tananarive par les régions aurifères de Malvatanana et d'Ampasiria.

Malheureusement, quand il put me rejoindre à la fin de novembre, dans la capitale de l'Imérina, il était gravement malade et avait fort besoin de repos. C'est avec plaisir que j'ajoute qu'il s'est vite rétabli et a pu reprendre rapidement le cours de ses travaux.

La saison des pluies était arrivée. Des orages fréquents, des pluies torrentielles, rendaient en ce moment tout voyage impossible.

Nous avons mis à profit ce séjour forcé pour mettre nos notes au courant, cataloguer nos collections et surtout enfin rétablir notre santé fortement compromise par nos explorations précédentes.

Cependant, vers le mois de mars, le ciel semblait se montrer plus favorable ; nous n'étions pas encore dans la saison sèche, mais les beaux jours devenaient plus nombreux. Aussi, à la fin du mois, nous nous mettions en route pour Fianarantsoa, capitale du pays des Betsileo ; c'est de cette dernière ville que je vous envoie cette lettre.

L'année dernière, nous avions visité les régions centrales et septentrionales de l'île ; nous allons consacrer toute cette année à explorer la partie méridionale.

Je ne vous dirai pas les itinéraires que nous allons suivre. Comme vous le savez, en exploration surtout, on n'est jamais sûr de ce que l'on pourra faire le lendemain.

Le pays des Betsileo limite au Nord les contrées insoumises au gouvernement de Tananarive ; habitées par des tribus pillardes et guerrières (Bars, Antandroys, Sakalaves, Masikora, etc.), qui se montrent peu soucieuses de laisser pénétrer chez elles des étrangers, des vazaha comme on nous appelle, elles sont la « terra incognita » que nous voulons visiter à tout prix. Aussi allons-nous faire tout ce qu'il nous sera possible pour nous avancer loin vers le Sud, recueillir des renseignements de toutes sortes et travailler dans les limites de nos forces au progrès des sciences géographiques.

. . . .

J'ai lu dans les journaux qui s'occupent de géographie que la ville de Montpellier était désignée comme siège du Congrès qui doit avoir lieu prochainement ; j'ai pensé, cher Monsieur, à vous envoyer ces quelques lignes, pour que vous puissiez donner des nouvelles de la mission de Madagascar, dont j'ai l'honneur de faire partie.

Veuillez agréer, cher Monsieur, l'assurance de mes cordiales salutations et tous mes remerciements pour l'aimable lettre que vous m'avez envoyée.

Votre très dévoué,

G. MAISTRE,
Chargé de mission scientifique à Madagascar.

M. Armand, secrétaire général de la Société de Géographie de Marseille, rend compte de ses travaux :

Rapport sur les Travaux de la Société de Géographie de Marseille, présenté par M. Paul Armand, secrétaire général.

MESSIEURS,

La Société de Géographie de Marseille a été fondée il y a bientôt quinze ans, et nous obéissons à un devoir filial en rappelant le nom de son fondateur, le regretté M. Alfred Rabaud.

Fidèle au programme qu'elle s'était tracé dès les premiers

jours, elle a fait surtout œuvre de vulgarisation géographique, profitant de la situation exceptionnelle de Marseille pour répandre les renseignements recueillis dans les diverses parties du monde et surtout dans le continent africain par des négociants, des voyageurs et des capitaines marins.

C'est par son Bulletin trimestriel, qui lui a valu deux médailles d'argent à l'Exposition universelle de 1889, c'est par les conférences qu'elle organise, par le cours populaire hebdomadaire qu'elle a créé dès 1876, par les nombreux prix distribués chaque année aux élèves de l'Enseignement supérieur, secondaire et primaire de la ville et du département, par sa belle bibliothèque ouverte généreusement à tous les travailleurs, qu'elle remplit sa tâche de propagande géographique.

Mais elle ne se contente pas de répandre les connaissances acquises, elle contribue dans la mesure de ses forces à étendre le domaine de la Science.

C'est ainsi que, sous le patronage d'un de ses membres, M. Verminck, MM. Zweifel et Moustier sont allés découvrir les sources du Niger.

Un des membres de sa Commission, M. Olivier de Sanderval, a rattaché par ses explorations le Foutah-Djalon aux Rivières du Sud.

Un autre de ses membres, M. J.-B. Rolland, a parcouru la presqu'île de Malacca et tout récemment les plateaux intérieurs de Madagascar.

Hier encore, un des siens, M. le capitaine Jean de Pontevès-Sabran, traversait la Perse dans une rapide chevauchée et arrivait à franc étrier à Samarcande pour assister à l'inauguration du chemin de fer transcaspien.

En ce moment, trois de ses membres explorent les contrées lointaines. M. Aubert recherche dans les Silvas de l'Amazone de nouveaux produits pharmaceutiques, M. Emile Deschamps étudie aux Laquedives cette poussière d'îles madréporiques semées dans la mer d'Oman, et, sur les rives du Congo,

M. Alphonse Fondère parcourt ces vastes contrées que M. Savorgnan de Brazza a données à la France par des moyens exclusivement pacifiques.

Comme vous le voyez, Messieurs, la Société de Géographie de Marseille apporte sa modeste pierre à l'édifice élevé par les Sociétés de Géographie françaises, heureuse de pouvoir contribuer elle aussi au développement de la science qui nous est chère.

Le Secrétaire général, Paul ARMAND.

M. Pélissier, secrétaire général adjoint de la Société Languedocienne de Géographie, rend compte de ses travaux :

Compte rendu des travaux de la Société Languedocienne de Géographie, présenté au Congrès par M. Pélissier, secrétaire-adjoint.

MESSIEURS,

Depuis le Congrès de Bourg de 1888, où notre éminent confrère M. Convert a présenté, sur les travaux de notre Société, un rapport si intéressant et si apprécié, il ne s'est pas écoulé assez de temps pour que nous ayons à vous soumettre de nombreux résultats de notre activité. D'ailleurs, nous aurions mauvaise grâce à nous faire devant des hôtes tels que vous nos propres panégyristes.

Un grand fait vient de couronner la première période duodécennale de notre histoire. Le chef de l'État a bien voulu reconnaître, encourager notre laborieuse activité, en reconnaissant, par décret du 25 novembre 1889, la *Société Languedocienne de Géographie* comme établissement d'utilité publique. Justement fiers d'un pareil honneur, dont nous venons de prouver notre reconnaissance au respecté Président de la République, nous ne pouvons que vous promettre ici, Messieurs, de faire tous nos efforts pour en être chaque jour plus dignes.

Depuis le Congrès de Bourg, la *Société Languedocienne de Géographie* a fait paraître sept fascicules de son Bulletin. Fidèle à son caractère de société géographique et de société languedocienne, elle s'est efforcée d'y tenir toujours la balance égale entre les travaux d'un intérêt scientifique général et les mémoires plus particulièrement consacrés à l'étude de notre région ou à l'histoire des hommes remarquables qu'elle a produits.

Parmi les premiers, nous nous bornerons à rappeler le compte rendu par M. Convert du Congrès de Bourg de 1888, où tant de questions intéressantes ont été soulevées ; un rapport précis et complet de M. Malavialle sur la Géographie à l'Exposition universelle; un voyage dans le Fouta-Djalon par le colonel Lambert ; les savants projets de notre honorable Président sur le Transsaharien, sur le percement de l'isthme de Panama par un torrent artificiel ; l'étude sur Santa Cruz de Ténériffe par le Dr Masnou; la relation de la mission de M. de Brettes dans le Gran-Chaco austral ; celle du capitaine Trivier sur sa traversée de l'Afrique australe. Parmi les seconds, ne pouvant tout citer et n'osant pas choisir, je mentionnerai au hasard les mémoires de M. Martel sur les rivières souterraines de la région des Causses, comptes rendus d'une exploration faite dans les *ténèbres de Bramabiau et de Padirac*, qui ne sont pas sans dangers ; le travail de M. Ivolas sur Roquefort et sur la végétation des Causses, de M. Fabre sur l'observatoire de l'Aigoual. L'histoire et la biographie ont leur large part dans nos bulletins, avec les mémoires que M. Ch. Auriol tire avec un art magistral des curieux documents de son illustre aïeul le général de Campredon, avec les patientes recherches de notre cher secrétaire général M. Malavialle sur l'enseignement secondaire à Montpellier, avec la remarquable et précise notice de M. Emile Bonnet sur l'origine du nom de Cette, etc., etc.

Il faudrait, pour être complet, rappeler bien d'autres études, ne pas oublier surtout la riche moisson de notices, de variétés, d'analyses bibliographiques que l'infatigable activité de MM. Malavialle et Pouchet entasse dans chacun de nos fascicules. Je me résigne d'autant plus aisément à de trop évidentes lacunes que notre zélé archiviste M. Pouchet a eu l'excellente idée de rédiger la table des matières générale des douze premières années de la collection. Il sera désormais facile de faire des recherches dans nos bulletins, grâce à cet index aussi détaillé que précis, dont on ne saurait trop remercier le dévoué et modeste auteur. — *Vifs applaudissements*.

Les travaux sur lesquels nous avons eu à des réunions antérieures l'honneur d'appeler votre attention se poursuivent avec régularité, vous le voyez, Messieurs. Notre Société a toutefois à vous communiquer le projet d'une nouvelle entreprise dont les travaux préparatoires sont terminés, et dont elle avait même espéré quelque temps vous présenter mieux qu'une simple annonce.

Un préfet de l'Hérault sous la Restauration, M. Creuzé de Lesser, a (comme son collègue M. de Villeneuve pour les Bouches-du-Rhône, quoique sur un plan bien moins vaste) publié une *Statistique départementale de l'Hérault*. Depuis longtemps, cet ouvrage, encore utile, n'a plus qu'une valeur historique. Il y a quelques années, M. le Dᵣ Frédéric Cazalis, président de la Société d'Agriculture et membre de la *Société Languedocienne de Géographie*, émit l'idée de publier une *Géographie de l'Hérault*. Son projet, qui n'eut pas alors de suite, a été repris par le bureau actuel de notre Société. Pendant que l'un de nos vice-présidents, notre respecté confrère M. le colonel Fulcrand, avec son ardeur de soldat d'Afrique resté toujours jeune, recrutait partout des collaborateurs, notre éminent président M. Duponchel rédigeait le plan général d'une géographie qui embrasserait la description de l'Hérault, physique, administratif, historique, économique et pittoresque. Il s'est chargé de traiter la géographie physique générale, l'orographie et l'hydrographie de notre région. Un savant autorisé et connu par ses belles recherches antérieures, notre honorable vice-président M. Cazalis de Fondouce, traitera la géographie préhistorique et l'anthropologie. Pour la géographie zoologique et botanique, la Faculté des Sciences, pour l'histoire et l'administration, la Faculté des Lettres, la Société archéologique, nous fourniront sans doute des collaborateurs : chaque chose aura son heure ; la publication est engagée, et la Société Languedocienne ne l'interrompra pas.

Tel est, Messieurs, depuis deux ans, notre modeste bilan. La Société Languedocienne s'efforce de continuer la tradition de féconde activité que lui ont léguée ses fondateurs, Germain, Planchon, Cons, de Rouville, Nolen, Viguier, etc., et, par le caractère à la fois national, savant et pratique de ses travaux, de bien mériter toujours de la France, de la science et de la démocratie.

Le secrétaire-adjoint, Léon-G. Pélissier.

Mercredi, 28 mai 1890.

Séance du soir à 2 *h.* 30.

Présidence de M. Cons, professeur de Géographie à la Faculté des Lettres de Lille, président et délégué de l'Union Géographique du nord de la France, assisté comme assesseurs de MM. Armand, secrétaire général de la Société de Géographie de Marseille, et le capitaine Péroz, officier d'ordonnance et représentant du Ministre de la Marine.

M. Armand dépose sur le bureau une brochure de M. Albert Breitmayer sur les « *Améliorations urgentes dans la région du Bas-Rhône, au point de vue des irrigations et de la navigation* », en fait don à la Société au nom de l'auteur et attire l'attention des membres du Congrès sur cette intéressante publication.

M. Leseur fait une communication sur la nécessité d'une *Réforme de la Cartographie française au point de vue colonial.*

Le Congrès Colonial National a, sur mon humble initiative, émis le vœu « que la cartographie française soit révisée, au point de vue colonial, et comprise par les auteurs dans un esprit d'exactitude en conformité avec les droits de la France ». Une absence, bien involontaire, m'a empêché de développer ma pensée devant le Congrès. Mais le vœu eut l'honneur d'être défendu par MM. le colonel Fulcrand, l'amiral Vallon, Bouquet de la Grye, Charles Bayle, Henri Mager, etc. ; il répondait au sentiment du Congrès ; il fut voté.

Ce vote souhaite la réforme de la cartographie française au

point de vue colonial. Peu de réformes sont aussi urgentes. C'est ce que je désirerais exposer aujourd'hui aux membres du Congrès.

La cartographie est un des moyens les meilleurs de faire connaître les Colonies et de les défendre contre les empiétements de rivaux.

Les cartes, à la longue, créent des titres de possession. Aussi, les nations étrangères, lorsqu'elles convoitent un territoire, commencent par indiquer ce territoire, sur leurs cartes, comme leur appartenant. Les Allemands, les Anglais surtout, n'y manquent point, et leurs cartes empiètent fréquemment sur nos droits acquis, ou se refusent à consacrer notre influence sur des terres qu'ils espèrent pouvoir un jour remettre en litige. Témoin la carte anglaise de l'Afrique, de Stanford, publiée à Londres, en 1889, et dans laquelle il n'est fait aucune mention de notre situation prépondérante à Madagascar. Témoin également la carte quasi officielle d'Afrique, en trois feuilles, de William Shawe, publiée à la fin de 1889, à Londres, chez Philip, et dans laquelle Cheick-Saïd, les Aldabra, Cosmoledo, tout le Saloum et Kaôlak, etc., sont attribués à l'Angleterre.

Et, tout récemment encore, les Anglais ne viennent-ils pas de présenter à la Conférence anti-esclavagiste de Bruxelles une carte où ils s'adjugent tout le Sahara !

Il n'est pas jusqu'aux Italiens qui ne se servent de ce moyen de proclamer l'irrédentisme.

Certes, nous devrions en faire autant.

Mais ce n'est pas cela que je demandais au Congrès. Je ne demandais pas l'amplification sur nos cartes de notre empire colonial, nous n'en sommes malheureusement pas là. Je demandais simplement de le voir indiquer avec son extension réelle.

Nos cartographes sont pour la plupart très inexacts, et inexacts à notre grand préjudice. Les preuves de ce fait abondent, en voici quelques-unes des plus frappantes même dans les cartes les plus récentes.

5

Je ne parlerai pas des cartes du Dépôt de la Marine, ces cartes sont trop spéciales et trop peu répandues. Or, je veux surtout critiquer ici les travaux cartographiques qui s'adressent au grand public.

Je ne parlerai pas davantage des cartes du Dépôt de la Guerre pour les mêmes raisons. La carte de France, dite de l'État-Major, est seule un peu répandue, et, au point de vue colonial, le seul qui nous occupe ici, la carte d'Afrique de M. de Lannoy de Bissy, édition définitive, est encore incomplète, et, en quelques points, étrangement fautive ; ainsi, dans la carte d'Obock, il met la mention Fr. aux îles du golfe de Tadjoura, rien pour Cheick-Saïd. C'est cependant le travail cartographique le plus complet et le mieux fait qui existe sur l'Afrique. Et, malgré ses imperfections qui disparaîtront bientôt, il fait le plus grand bonneur à la science française.

Je me borne à citer les travaux cartographiques de nos principaux savants et de nos grands éditeurs, assimilables aux travaux des Allemands Habenicht, Peterman, Stieler, Kiepert, et autres dont l'influence a été considérable à la Conférence africaine de Berlin.

Je renvoie donc le lecteur à :

1° *L'Atlas du lieutenant-colonel Niox, paru chez Delagrave, en* 1889.

M. le colonel Niox est un de nos meilleurs géographes. Nous lui devons beaucoup, et je lui suis particulièrement reconnaissant d'avoir relevé chez nous l'enseignement de la Géographie militaire qui, avant lui, laissait tant à désirer. Je sais avec quel soin M. Niox compose ses travaux. Cependant, dans son Atlas, il s'est glissé un certain nombre d'erreurs. La situation de M. Niox en fait un auteur presque officiel, c'est pourquoi je crois de mon devoir de relever ici ces erreurs. Je suis d'ailleurs persuadé qu'il suffit de les noter pour qu'elles aient disparu à un prochain tirage, surtout avec un éditeur aussi consciencieux que M. Delagrave.

Je relève donc les erreurs suivantes :

En Afrique : (Consulter les cartes : *Générale d'Afrique.* — *Méditerranée et Afrique du Nord.* — *Sénégal et Niger.*)

L'Algérie est indiquée comme fermée au Sud, étranglée, isolée de notre Soudan par le Tidikelt et In-Salah, qui ont la teinte marocaine, d'un côté, — et, de l'autre, par Ghadamès et Rhât avec la teinte tripolitaine. Eh bien ! ces frontières sont erronées. L'Algérie n'a pas de frontières au Sud. Le Tidikelt et Rhât sont indépendants, et sont dans notre cercle d'influence. Le Maroc ne dépasse pas l'Atlas et n'a de frontières avec nous qu'au Nord, dans la vallée de la Moulouya. Pourquoi donc donner à notre colonie des frontières qui, si elles étaient exactes, seraient préjudiciables à sa libre et normale expansion ?

D'ailleurs, au banquet Trivier, M. Etienne disait très justement, avec toute l'autorité qui s'attache à ses paroles, que l'Algérie s'étend dans la direction du lac Tchad jusqu'aux Touareg inclusivement.

Au Soudan français, notre protectorat n'est indiqué ni sur les Etats de Samory, ni sur ceux de Tiéba, ni sur Ségou-Sikoro et les Etats d'Ahmadou, ni sur Kong, et cependant l'atlas a paru après le voyage du capitaine Binger.

La frontière nord de notre Sénégal est constituée à tort par le cours du fleuve, laissant ainsi sa rive droite en dehors de notre influence ; et le cap Blanc est faussement attribué dans son entier aux Espagnols, alors que tout le littoral de la baie du Lévrier nous appartient.

Notre Congo français est également et gravement inexactement délimité au Nord. Le protocole franco-allemand, du 24 décembre 1885, a arrêté définitivement la frontière nord du Congo français comme suit : La frontière est constituée par le parallèle partant de l'embouchure du rio Campo, par 7° 40' longitude E. Paris, et se dirigeant vers l'Est jusqu'à sa rencontre du 12°40' longitude Est. A partir de ce point, le 12°40' longitude Est sépare à l'infini vers le Nord les établissements français et allemands. Ceci est très important, car, entre le 12°40' longitude Est et l'Oubanghi, notre frontière avec l'Etat libre du Congo, se trouve une large trouée par laquelle nous pouvons gagner le Baghirmi, les régions du lac Tchad et le bassin de l'Ouellé.

M. Niox nous ferme cette trouée, et la frontière qu'il nous attribue est le parallèle du Campo jusqu'à sa rencontre de l'Oubanghi.

La carte de l'Ouest africain qui accompagne le très intéressant ouvrage de M. A. Rambaud, *la France coloniale*, tombe également dans cette regrettable erreur.

M. Niox, plus loin, teinte de la teinte anglaise toute la côte du cap Guardafui, de Zeilah au cap, tandis que cette côte est libre de tout pavillon européen de Las-Gori au cap.

En ASIE (consulter : La carte générale et celle de détail : *Indo-Chine*).

Tout d'abord aucune indication n'est faite de notre possession si importante de Cheick-Saïd.

Ensuite, M. Niox donne à tort, comme d'ailleurs toutes les cartes françaises, des frontières occidentales à l'Annam. D'après M. Niox, ces frontières seraient constituées par la ligne de partage des eaux du bassin du Mékong à l'est du fleuve, ce qui limiterait l'Annam à une simple bande côtière et donnerait au Siam tout le bassin du Mékong central. Or le Siam n'a aucun droit sur ce bassin et surtout sur la rive gauche du fleuve. Pourquoi lui en attribuer ?

EN OCÉANIE — (consulter la carte générale). M. Niox indique les Nouvelles-Hébrides comme indépendantes. Rien de plus inexact. Les Nouvelles-Hébrides sont bien à nous. Il a plu à un de nos ministres, par une condescendance pour l'Angleterre que j'ai peine à m'expliquer, de s'engager à ne pas les occuper. Mais nos droits n'en restent pas moins absolus vis-à-vis de toutes les puissances, et je voudrais les voir mentionner sur nos cartes.

2° L'*Atlas de M. Schrader*, en cours de publication chez Hachette — 11 livraisons parues. (Je ne parlerai pas de l'*Atlas Manuel*, paru en 1884, chez ce même éditeur, atlas qui n'est qu'une copie, pour ne pas dire une contrefaçon, de l'ouvrage allemand antérieur de Richard Andree).

M. Schrader est le savant directeur des travaux cartographiques de la maison Hachette ; tout le monde sait avec quel soin scrupuleux il s'occupe de ses fonctions, et *la Géographie* l'a plusieurs fois constaté. Les erreurs que j'ai à noter dans son nouvel ouvrage, et je suis obligé en conscience de le faire, sont quelques petites taches qu'il sera aisé d'effacer, et je suis convaincu que le reste de la publication sera à l'abri de toute critique.

M. Schrader commet en partie les mêmes fautes que M. Niox pour les Nouvelles-Hébrides, les frontières annamites, Cheick-Saïd, le Soudan, le Sénégal ; je n'y reviendrai donc pas.

(Consulter : Livraison 3, carte n° 43, *Archipel Asiatique*, — Livraison 4, carte n° 51, *Océanie*, — Livraison 5, carte n° 47, *Afrique Politique*,— Livraison 9, carte n° 18, *Colonies Françaises*, Planche 1).

La frontière nord du Congo français est bien indiquée. Mais cette exactitude est malheureusement compensée par une erreur à propos de l'enclave espagnole de Corisco. Cette enclave est purement côtière, M. Schrader (carte générale d'Afrique) la borne cependant par deux parallèles partant de ses extrémités nord et sud et s'avançant à l'infini dans notre Congo.

Une autre erreur à signaler est celle qui borne notre possession d'Obock à la côte de la baie de Tadjourah. Une convention franco-anglaise, conséquence de l'occupation de Zeilah par l'Angleterre, nous assure cependant la route de Ras-Djiboutil au Harrar. Je voudrais voir indiquer sur nos cartes nos droits à cette voie de pénétration, dont l'importance est considérable.

M. Schrader serait, paraît-il, dans l'intention de corriger ces erreurs sur les prochains tirages ; nous regrettons donc simplement que le premier les contienne.

3° *La carte d'Afrique, publiée par l'éditeur Andriveau-Goujon,* en janvier 1890.

Cette carte est le comble de l'inexactitude, non seulement coloniale, mais géographique. Toutes les critiques que j'ai précé-

demment faites peuvent lui être appliquées avec ces aggrava-
tions, que :

1° Nos droits sur le Fouta-Djalon et Timbo sont omis ;

2° Porto-Novo et Grand-Popo ne portent aucune indication de
possession française ;

3° La frontière nord du Congo français y est indiquée par un
parallèle partant de la baie de Corisco, à *près de deux degrés au-
dessous de notre frontière réelle*, et ce parallèle, bien entendu, est
continué jusqu'à l'Oubanghi.

Je dois cependant ajouter, en toute justice, que la maison
Andriveau-Goujon fait en ce moment graver une nouvelle carte
d'Afrique où toutes ces erreurs seront corrigées, et dans laquelle
les droits que nous donnent les traités les plus récents seront consacrés. Cet éditeur fait bien, car la carte d'Afrique qu'il offre
actuellement au public est vraiment assez défectueuse.

4° *Mapa do Imperio do Brazil par E. Levasseur, de l'Institut
de France, au* $\frac{1}{3.000.000}$. *Paris, Delagrave*, 1888.

Cette carte a une double importance. D'abord elle est de
M. Levasseur, l'honorable et éminent Président du Congrès
Colonial, dont la situation scientifique en France est telle que
tout travail signé de lui devient quasi officiel. En second lieu,
cette carte est murale, elle est en portugais, et destinée à l'enseignement public au Brésil. Eh bien ! dans cette carte *il n'est
fait aucune mention du territoire contesté de la Guyane.* Notre
Guyane y est indiquée avec des limites fermes, étouffant entre
l'Oyapock et le Maroni. M. Levasseur semble dire aux jeunes
Brésiliens, avec toute l'autorité d'un membre de l'Institut de
France : « Il n'y a pas de Contesté, ou, s'il y a eu débat, ce débat
est tranché en votre faveur. » C'est là une erreur des plus
regrettables, surtout étant donné son auteur.

J'arrête ici mes exemples, je pourrais les multiplier à l'infini;
ceux que je viens de citer me paraissent suffisamment concluants.

On peut juger par eux du peu d'exactitude de nos cartographes dans la délimitation de nos Colonies. Ils mettent des fron-

tières préjudiciables là où il n'y en a pas ; ils négligent celles qui nous sont favorables ; ils ont une fâcheuse tendance à ne pas indiquer ou à restreindre nos sphères d'action et nos zones de pénétration. On peut comprendre tout le tort qu'ils nous peuvent causer. Ce sont des idées fausses répandues par l'enseignement, qui restent gravées dans les esprits et peuvent avoir par la suite de graves conséquences politiques.

Une réforme avait été tentée, il y a quelques années, avec l'*Atlas colonial*, notre meilleur atlas spécial. MM. Charles Bayle et Mager avaient ouvert une excellente et profitable voie. Je constate avec regret qu'ils n'ont pas été suivis.

Ce qu'il y a de plus triste, c'est que la plupart des travaux cartographiques allemands récents — (je ne parle pas des cartes anglaises, celles-là nous refuseraient toute colonie si elles pouvaient) — ne commettent pas les grosses erreurs que je viens de relever à notre préjudice. Ils donnent presque tous à nos colonies, loyalement, leur extension réelle et indiquent même nos sphères d'influence à peu près sans restriction. Le lecteur pourra s'en rendre compte en consultant, entre autres, l'édition nouvelle en cours de publication de l'Atlas de Stieler, — la *General-Karte von Afrika* de Handtke, parue à Glogau chez Carl Flemming, en janvier 1890, et la très belle *Karte von Afrika* de R. Andree et A. Scobel qui vient de paraître à Bielefeld et Leipzig chez les éditeurs Velhagen et Klasing.

De telle sorte que, si nous avions en ce moment une réclamation coloniale à faire valoir devant une conférence internationale, nous serions obligés d'appuyer nos droits sur des travaux allemands.

Quoi de plus mortifiant et de plus affligeant !

Cet état de choses ne peut durer. Le moyen d'y remédier serait peut-être la centralisation des renseignements géographiques dans une sorte d'Institut Cartographique National, mais non officiel, chargé de déterminer exactement les droits de la France, l'étendue de son territoire et de ses zones d'influence, et de dresser des cartes en conformité avec nos droits et nos traités, cartes qui serviraient de type pour les publications géographiques privées.

Une bonne tentative en ce genre est la carte d'Afrique préparée par la Société de Géographie de Paris.

J'ai donc l'honneur de vous proposer un vœu en faveur de la réforme de la cartographie française, au point de vue colonial, par la création d'un Institut cartographique national.

Une discussion s'engage sur la communication et la proposition de M. Leseur, à laquelle prennent part MM. Cons, Castonnet des Fosses, Duponchel, Guénot, Malavialle, le colonel Fulcrand, le capitaine Péroz : les uns soutenant que les tracés cartographiques n'ont aucune importance en pareille matière et que possession seule ou occupation vaut titre ; les autres prétendant, sans nier l'importance capitale de l'occupation de fait, que les droits établis par les cartes exercent souvent une grande influence dans les négociations. M. Malavialle cite, à ce propos, comme exemple, le débat survenu au xviiie siècle entre la France et l'Angleterre, au sujet des limites de l'Acadie et du Canada, débat qui donna lieu à de longues et intéressantes discussions géographiques et cartographiques, qui précédèrent, sans l'empêcher, il est vrai, la guerre de Sept Ans, ou bien encore les contestations franco-brésilienne et franco-hollandaise, à propos des Guyanes, qui seraient tranchées par une ancienne carte bien faite. M. le capitaine Péroz cite un autre exemple plus récent et plus frappant encore : celui de la carte du royaume de Siam, que les Siamois firent graver en Angleterre, en s'attribuant faussement comme limite, du côté de l'Annam, la ligne de partage des eaux du Mékong, de façon à s'attribuer la possession du cours du fleuve et à réduire l'Annam à une bande côtière insignifiante. Contrairement aux traditions et aux droits historiques, cette carte fut contre-signée par inadvertance par notre plénipotentiaire, l'amiral de la Grandière, et nos rivaux, les Siamois et les Anglais, l'invoquent constamment contre nous, et nous l'opposent quand nous tentons de nous étendre vers l'intérieur. — Chemin faisant, M. le capitaine Péroz souligne avec l'autorité particulière que lui donnent en pareille matière sa qualité de représentant officiel du Ministre de la Marine et ses missions personnelles, quelques affirmations du conférencier ou de ses contradicteurs. — Contrairement à quelques doutes émis à cet égard, il affirme les droits absolus de la France sur les États d'Ahmadou, de Samory et de Tiéba.

Ces droits sont exprimés par des traités formels du mois de janvier 1888, notifiés aux diverses puissances, dont aucune n'a protesté. — Au contraire, il dit que Cheick-Saïd est la propriété privée d'une maison de Marseille, mais non un territoire officiellement français. Il a été en effet question pour notre gouvernement de l'acquérir et d'y installer une station navale, pour supplanter Aden, dans une meilleure situation qu'Obock. Mais une commission d'études envoyée à cet effet déclara qu'il y aurait 200 millions à dépenser, et on renonça à toute tentative d'établissement.

Après cette discussion, le Congrès est d'avis de disjoindre les deux parties du vœu de M. Leseur. — La première partie, relative à la nécessité d'une réforme de la cartographie française, au point de vue colonial, est adoptée, dans les mêmes termes qu'au Congrès colonial ; la seconde, relative à la création d'un Institut cartographique national, est ajournée et renvoyée à la séance ultérieure où doit être discutée dans son ensemble la question de l'« Institut géographique », portée au programme.— En dernière analyse, le Congrès, en réponse à la communication et à la proposition de M. Leseur, émet le vœu : *Que la cartographie française soit révisée, au point de vue colonial, et comprise par les auteurs dans un esprit d'exactitude en conformité avec les droits de la France.*

M. Turquan, chef du bureau de la statistique générale de la France au ministère du Commerce, de l'Industrie et des Colonies, et délégué du Ministre, dépose en son nom sur le bureau, à titre de don, un *Album de Statistique Graphique*, publié à l'occasion de l'Exposition de 1889, et honoré d'un grand prix. — Cet ouvrage, ainsi qu'il ressort d'un exposé court et clair de M. Turquan, est en effet d'un intérêt majeur au point de vue géographique et sociologique. — On pourra en juger par sa table seule.

L'album se compose de cartes et de diagrammes.

Les cartes ou cartogrammes, à différentes échelles, et diversement coloriées, sont au nombre de 88, réparties en 34 planches de la façon suivante :

PREMIÈRE PARTIE. — ÉTAT DE LA POPULATION EN 1886.

Planche I.   Carte nᵒ 1. Accroissement relatif de la population des arrondissements, de 1801 à 1886.
Planche II.   —   2. Superficie moyenne d'une commune.
Planche III.   —   3. Nombre moyen d'habitants par commune en 1886.

TROISIÈME PARTIE. — ÉTUDES DÉMOGRAPHIQUES SUR LA POPULATION
FRANÇAISE PENDANT LA PÉRIODE 1867-1886.

QUATRIÈME PARTIE. — DÉNOMBREMENT DES FRANÇAIS A L'ÉTRANGER.

Les diagrammes figurent géométriquement, avec l'aide de teintes plus ou moins foncées, les différents mouvements de la population en général, et des diverses catégories de la population en particulier, dans l'ordre et la répartition suivante :

Planche C. Diagramme n° 10. Proportion des mort-nés sur 100 conceptions par nature de population (urbaine, rurale, Seine, totale) période 1869-1885.

—   —   11. Nombre des décès par mois pour 1200 décès annuels, de chacune de ces catégories : De la population totale ; — Des enfants de 0 à 1 an ; — Des vieillards de plus de 60 ans.

—   —   12. Mortalité par âge sur un million de décès (période 1882-1885).

—   —   13. Mortalité pour 1,000 habitants, par nature de population (urbaine, rurale, Seine, totale), période 1869-1885.

Planche D.   —   14. Mortalité relative par âge (période 1882-1885).

—   —   15. Accroissement comparé de la population dans quelques arrondissements (période 1801-1886), population ramenée à 1,000 habitants en 1801.

Cette publication est très remarquable et ne nous laisse rien à envier aux productions similaires des gouvernements étrangers, notamment l'Autriche-Hongrie et l'Italie, qui avaient jusqu'ici marqué en ce genre. Le Congrès est unanime à remercier de ce don le Ministre et son représentant.

Hors séance, M. le capitaine Péroz, sur la demande des membres du Congrès, fait une conférence sur « le Soudan Français et son avenir commercial ». — Cette conférence n'est que le résumé des précédents travaux du conférencier et d'une communication par lui faite cette année même devant la Société Normande de Géographie. Il nous paraît donc inutile d'en donner le texte complet. Pour l'ensemble et les détails, il nous suffira de renvoyer aux susdits ouvrages déjà imprimés, savoir :

L'empire de l'Almamy-Emir Samory. Besançon, 1888.

Au Soudan Français, souvenirs de guerre et de mission. Calmann-Lévy, 1889.

La Nouvelle Revue, nos du 15 février et 15 mars 1890.

Le Soudan Français et son avenir commercial ; conférence du capitaine Péroz. Société Normande de Géographie (2e cahier de 1890).

Contentons-nous de résumer ses principales conclusions.

D'après le capitaine Péroz, les reproches adressés au Soudan Français, notamment au point de vue du climat et de l'infertilité du sol, sont injustes ou tout au moins exagérés. C'est un pays parfaitement habitable et exploitable. — La population, qui se compose de *Bambaras* ou *Malinkès*, agriculteurs, de *Peulhs*, pasteurs, et de *Sarracolets*, commerçants, est très remarquable comme mélange. La ruine actuelle de la région tient uniquement à l'état de guerre et de dévastation qui a suivi les conquêtes de El-Hadj-Omar. — On peut y remédier peu à peu par la pacification, le développement des voies de communication, une sage politique vis-à-vis des indigènes.

A ce double point de vue, il développe des idées contraires à celles qu'on accepte d'habitude.

1° Pour lui, la voie de pénétration à choisir, ce n'est pas le Sénégal, parce que son régime est instable et ne peut rendre que peu de services à la navigation ; quant à la ligne de chemin de fer, qu'on devrait commencer à Bakel, elle n'aurait pas moins de 1,400 kilom. jusqu'à Bammakou. — La vraie route, c'est la vallée des Scarcies, au travers ou plutôt à l'E. du Fouta-Djalon, de Benty ou Konakry à Kouroussa, point où le Niger commence à être navigable ; cette ligne n'aurait que 550 ou 560 kilom. de long, c'est-à-dire deux fois moins que la précédente, et elle est facile à construire, car, contrairement aux idées reçues, les sources des Scarcies sont séparées de celles du Niger non pas par un massif montagneux, mais par un plateau sur lequel les eaux des deux versants se mêlent.

2° A son avis aussi, une des erreurs de notre politique coloniale, erreur due à une sensibilité excessive et déplacée, c'est de combattre absolument l'esclavage. L'esclavage est l'état social ordinaire de l'Afrique. Il n'est du reste pas aussi inhumain qu'on se le figure d'habitude. Ce qu'il y a d'odieux, ce n'est pas l'esclavage lui-même, mais la traite. Empêcher l'esclavage dans nos possessions, ce n'est pas par cela même supprimer la traite, c'est la détourner vers la Tripolitaine et le Soudan, c'est-à-dire l'aggraver. Mieux vaudrait accepter l'esclavage en le régularisant et en le surveillant. Ce serait le meilleur moyen de repeupler le Soudan Français, désolé par la guerre.

3° Enfin, le conférencier recommande, au lieu de la colonisation officielle, la constitution de compagnies de colonisation analogues à celles des Anglais au Niger ou dans l'Afrique orientale.

A ces conditions, le Soudan Français peut devenir un jour pour la France une colonie prospère et utile, non seulement au point de vue politique, mais au point de vue économique.

A ce résumé succinct des idées qui formaient le fond de la conférence il est juste d'ajouter que la forme en était excellente, pleine d'élégance et de précision à la fois. C'est ce sentiment général de l'assemblée que le président n'a fait que traduire en félicitant et en remerciant M. le capitaine Péroz et de sa communication et des travaux actifs qui en avaient été la préface et l'occasion.

Avant de lever la séance, M. le président communique à l'assemblée une lettre de M. le capitaine Nicolon, du 122e d'infanterie en garnison à Montpellier, ex-membre de la Commission d'études des frontières du Tonkin et du Siam, de la mission Pavie, annonçant que, sur la demande du bureau, il avait sollicité et obtenu de l'autorité militaire la permission de faire une conférence sur le Laos et le Siam. Cette conférence est fixée à vendredi soir, à 4 heures, après la séance ordinaire.

Jeudi, 29 mai.

Séance du matin, 9 heures.

Présidence de M. Deloncle, secrétaire général et délégué de la Société bretonne de Géographie, Lorient, assisté comme assesseurs de MM. Hérisson, inspecteur de l'enseignement agricole, délégué du Ministre de l'Agriculture, et Castonnet des Fosses, délégué de la Société de Géographie commerciale de Paris.

Lecture est donnée successivement des rapports suivants :

1° Rapport au Congrès de Montpellier sur la situation de la Société de Géographie de Toulouse en 1890, par M. Guénot, secrétaire général :

6

Messieurs ,

Vous savez sous quelle impulsion sont nées nos sociétés, et à quels besoins elles ont voulu répondre ; j'ai plaisir à constater devant vous que la Société de Géographie de Toulouse n'a pas failli à sa mission et qu'aujourd'hui encore, après neuf années d'existence non sans mérites, elle est aussi active, aussi vigoureuse, aussi féconde, aussi utile que jamais.

Au début de ses travaux, en voyant les nombreux auditoires qui se pressaient autour de son bureau, certains pessimistes prétendaient qu'il y avait là une ardeur de néophytes, un feu de paille qui s'éteindrait aussi promptement qu'il s'était allumé. Ces pronostics, qui ne manquaient pas d'une certaine apparence de raison, ne se sont pas réalisés. Et, ce qui prouve bien que notre création répondait à un besoin réel, c'est que jamais nos conférences n'ont été plus suivies, ni nos adhérents plus nombreux.

Dès l'origine, nos séances ont eu lieu tous les quinze jours. Cette périodicité a pu être maintenue constamment sans que nous manquions jamais, ni de conférencier, ni d'auditoire. J'ajoute que cet auditoire est ordinairement composé de l'élite de la population toulousaine.

En dehors des réunions de quinzaine, nous offrons aux familles de nos sociétaires de grandes conférences à la Faculté des Lettres. Les conférenciers sont ou des sociétaires, explorateurs éclairés de la région ou voyageurs de retour dans leurs foyers, ou des conférenciers étrangers. Ces conférences, d'un grand attrait pour la population, sont très recherchées. Ne pouvant recevoir tous les auditeurs que nous amenaient les familles précitées, nous avons même dû, à notre grand regret, prendre des mesures restrictives et n'accorder, de droit, que deux places à chaque sociétaire. Même dans ces conditions, nous éprouvons de sérieuses difficultés pour placer tous ceux qui répondent à nos invitations.

Nous avons organisé des excursions qui rayonnent dans la

région, faisant ainsi, on ne peut mieux, de la géographie pratique et locale. Ces excursions sont d'ordinaire suivies par un grand nombre de sociétaires.

Pour donner plus d'intérêt à nos travaux, nous publions deux bulletins. L'un, bi-mensuel, donne un compte rendu immédiat des conférences qui viennent d'avoir lieu ; l'autre, trimestriel, publie *in extenso* les travaux qui en ont été jugés dignes.

Voulant répondre encore mieux aux fins de notre création, nous avons cherché à étendre notre sphère d'action en créant un bureau de renseignements pour les émigrants. Cette tentative n'a pas encore donné tous les résultats que nous en attendons, mais nous n'avons pas perdu l'espoir de voir cette institution locale fonctionner et rendre des services appréciables.

La Société a cru devoir s'intéresser aux relations qui existent et vont toujours en se multipliant entre la région dont elle est le centre et l'Espagne, dont la séparent les Pyrénées. A cet effet, des conférences sur la géographie de la péninsule ibérique ont été organisées à l'Athénée de Langue espagnole par ses soins. En outre, depuis plusieurs années, elle se fait un devoir de distribuer des récompenses aux lauréats des concours de géographie de cet établissement d'utilité internationale.

Voulant s'associer dans la mesure de ses moyens aux explorations du globe, elle a créé une médaille d'honneur qu'elle décerne aux voyageurs ayant accompli un voyage utile aux sciences géographiques et au pays, après que ces voyageurs sont venus devant elle lui en faire la relation.

La Société n'est pas restée non plus, tant s'en faut, indifférente aux questions de géographie locale. Elle a publié un travail important sur les Causses et les gorges du Tarn et révélé aux touristes une des plus anciennes régions de notre belle France. Depuis, d'autres géographes sont venus creuser le sillon tracé par nos collègues, MM. de Malafosse et Trutat, et accentuer le courant d'excursions portant aujourd'hui ces touristes vers les gorges du Tarn et Montpellier-le-Vieux. Par là, la Société de Toulouse a rendu un véritable service à cette région déshéritée.

Les Pyrénées ont été l'objet de nombreuses communications, et des erreurs importantes ont été signalées par nous dans la cartographie de ces régions montagneuses. Les monographies locales ont trouvé également place dans nos bulletins quand elles en ont été jugées dignes.

Je croirais manquer à mon devoir en ne vous faisant pas connaître les noms des principaux auteurs ayant publié leurs œuvres dans notre Bulletin et le sommaire de leurs communications. M. Félix Régnault nous a donné des notices sur une série d'objets préhistoriques et paléontologiques découverts par lui dans les grottes et les alluvions de la vallée de l'Ariège ; M. le Dr Maurel, ancien médecin principal de la marine, s'est occupé particulièrement de la Guyane, où il a longtemps séjourné, et a fait connaître les mœurs et usages des Galibis ; la Laponie et l'île de Man, visitées et étudiées sous divers aspects par M. G. Labit, ont été l'objet de deux communications ; M. le commandant Thomassy, ancien capitaine de frégate, ancien commandant du port de Cette, a repris l'étude du Canal des Deux-Mers, et traité cette question locale si ardue avec autant d'autorité que de science ; l'Italie artistique et pittoresque a été l'objet d'une savante étude critique de M. Trutat, à son retour d'une mission en ce pays ; M. de Rey-Payade, ingénieur des mines, dont les études de géographie mathématique font aujourd'hui autorité, a formulé des idées neuves et rationnelles sur l'heure universelle et le méridien national et construit un nouveau cadran solaire universel ; une ancienne colonie, qui nous tient encore de fort près par le cœur, le Canada, a été l'objet d'une savante étude par M. le commandant Boussard ; M. Fontès, ingénieur en chef des mines, a étudié certains vallons des Pyrénées, le barrage de Wirnwy, les vallées de la Neste, etc.; M. Laromiguière, ingénieur des mines, le canal maritime du Havre à Marseille ; le Japon, que M. Fouques, professeur à l'université de Tokio, n'a pas quitté depuis vingt ans, a été de sa part l'objet d'une remarquable communication ; M. Gaston Routier, chancelier de Siam, s'est plu à préciser les objets d'importation et d'exportation susceptibles d'alimenter et

de ranimer le commerce entre ce même pays et la France ;
M. Vincent, ancien officier principal d'administration, ayant
séjourné pendant de longues années en Algérie, a traité le sujet
suivant : « De l'émigration des classes ouvrières dans les colonies
et plus particulièrement dans la province de Constantine »; l'île
Shi-Kokou, à peine mentionnée dans les géographies, au point de
vue descriptif, industriel et administratif, a heureusement inspiré
M. le baron Menu de Ménil, un des rares voyageurs ayant
parcouru cette île curieuse dans tous les sens ; M. le comte du
Paty du Clam a écrit plusieurs lettres dans le but patriotique de
faire connaître la situation exacte et réelle de la Tunisie ; etc.

J'arrête là cette liste déjà longue sans l'avoir épuisée, tant s'en
faut. Elle suffit pour prouver la vitalité de la Société qui m'a
fait l'honneur de me déléguer auprès du Congrès. Je ne saurais
passer sous silence cependant les noms des orateurs de nos
grandes conférences de 89-90 ; MM. Trutat et de Malafosse nous
ont entretenus de grandes et importantes questions de géographie locale, MM. de Brettes et Trivier de la géographie générale
et militante.

On peut voir par ce rapide aperçu qu'il est peu de branches
intéressant les sciences géographiques qui n'aient été sérieusement étudiées par notre Société.

J'ajouterai que les pouvoirs publics, reconnaissants des résultats obtenus et des efforts accomplis par les promoteurs de l'œuvre
continuent leur subvention à la Société. Nous venons même
d'obtenir de la municipalité la moitié des locaux occupés anté-
rieurement par la Faculté des Sciences ; nous nous proposons
d'y installer un musée ethnographique et un musée commercial à côté de notre amphithéâtre et de notre bibliothèque.

Je dois dire, en terminant, que la Société a trouvé dans
l'armée, et notamment dans un certain nombre d'officiers supérieurs, un dévouement qui contribue pour une bonne part à sa
prospérité. Par leurs travaux, par leur assiduité aux séances, où
ils prennent souvent part aux débats, nos collègues de l'armée
en rehaussent singulièrement l'éclat. Parmi eux je dois signaler

le président de l'année dernière, M. le colonel Grillon, qui n'a cessé de donner de sa personne dans toutes les manifestations de la vie intérieure ou extérieure de la Société.

De ce qui précède, il résulte que, forte de ses œuvres, fière des appuis et des encouragements qui lui sont prodigués, la Société poursuit son œuvre de patriotisme et de vulgarisation avec succès. Dans ce domaine, elle a le sentiment de faire quelque bien. Si, faute de mieux, son action devait se borner à diriger la curiosité de ses nombreux adhérents vers des études saines, utiles et élevées, et à exciter leur patriotisme ou leur goût pour la géographie, cela suffirait encore amplement à justifier son existence et à satisfaire son ambition. Mais nous venons de voir, par le rapide exposé qui précède, que son action est plus étendue et qu'elle fait encore œuvre scientifique fréquente toutes les fois qu'elle en rencontre les éléments ou qu'elle en trouve l'occasion.

2° Rapport sur les travaux de la Société de Géographie de l'Ain, par M. CONVERT, son délégué.

MESSIEURS,

La Société de Géographie de l'Ain est une des plus jeunes de celles qui sont représentées à ce Congrès ; c'est aussi celle qui a son siège dans le centre le moins considérable. Ses ressources sont limitées comme personnel et comme argent, mais elle ne s'attache pas moins à poursuivre la tâche qu'elle s'est imposée avec une activité remarquable. Quand on oppose la province à Paris, on compare Lyon, Marseille, Bordeaux, Lille ou Montpellier à la Capitale. Bourg ne peut prétendre à être classé au rang des villes dont je viens de parler ; son ambition ne peut pas aller jusqu'à rivaliser avec elles par l'importance de ses travaux géographiques. La cité bressane se tient dans sa sphère ; la Société de Géographie sait limiter ses aspirations, ce qui ne l'empêche pas de jouer cependant un rôle des plus utiles. C'est un réel mérite pour elle d'avoir su intéresser à la science géographique une population qui y était autrefois trop indifférente, en groupant toutes les forces intellectuelles dont elle dispose.

C'était mon excellent ami, M. Loiseau, le secrétaire général de la Société de Bourg, qui devait vous présenter le compte rendu de ses travaux. Des circonstances indépendantes de sa volonté ne lui ont pas permis de se joindre' à nous et de se retrouver au milieu de collègues avec lesquels il aurait été heureux de continuer des relations dont il conserve un excellent souvenir. Quand j'ai été invité à le remplacer, je lui ai demandé de m'adresser un rapport que je n'aurais eu qu'à vous lire, et je l'attendais avec confiance.

Au lieu du document sur lequel je comptais, je viens de recevoir une simple lettre, d'un caractère tout personnel, et, si je fais allusion à son contenu, c'est en priant M. le secrétaire de ne pas m'entendre. « L'exposé de nos travaux est bien simple, m'écrit M. Loiseau. Le dernier Congrès, avec l'impression de ses communications, a épuisé notre caisse, et nous avons dû renoncer, faute d'argent, à tous nos projets. Heureusement, nous ne tarderons pas à reprendre nos conférences, nos réceptions d'explorateurs, etc. » M. Loiseau ne cherche pas, comme on le voit, les succès d'amour-propre.

Il me sera bien permis à moi, un des membres anciens déjà de la Société de Géographie de l'Ain, un de ceux qui n'ont jamais cessé de suivre ses travaux avec le plus grand soin, il me sera bien permis, dis-je, de rectifier une communication inexacte.

M. Loiseau n'a pensé, en m'écrivant, qu'à ce qu'il aurait voulu faire et à ce qu'il n'a pas pu faire ; il a oublié absolument tout ce qu'a fait la Société à laquelle il consacre ses soins.

La Société de Géographie de l'Ain vulgarise les connaissances géographiques dans ses séances de quinzaine qui comptent toujours un nombre très satisfaisant d'assistants, malgré leur répétition, à moins que ce ne soit à cause même de leur répétition fréquente. Ses membres se réunissent avec plaisir pour causer des questions à l'ordre du jour ; ils suivent ainsi sans peine le mouvement géographique dont les principaux éléments forment ordinairement l'objet d'une causerie familière que veut bien se charger de préparer, à tour de rôle, l'un ou l'autre d'entre eux.

Ce n'est pas tout. La Société de Bourg ne se contente pas de répandre par tous les moyens à sa disposition les connaissances géographiques ; elle a abordé une œuvre originale qui demande à la fois beaucoup de persévérance et beaucoup d'esprit de suite, une œuvre devant laquelle ont hésité des Sociétés plus anciennes et plus riches, celle de la géographie du département. Le travail est sérieux, il exige des efforts soutenus. Sans trop s'arrêter aux détails d'exécution, on s'est mis à l'œuvre. Chacun a pris sa part de la besogne. Après avoir développé un premier sujet, on en a abordé un autre. Notions générales et notions spéciales ont marché de pair. Déjà ont paru de précieuses communications sur l'histoire, la géologie, l'administration du département. Tout n'est pas fait sans doute, mais à ceux qui seraient tentés de critiquer la lenteur du travail en cours nous pouvons répondre qu'à chaque jour suffit sa tâche, qu'en marchant avec une certaine modération on ne s'avance pas moins sûrement, et, s'il faut s'autoriser d'un proverbe courant, que les artichauts se mangent feuille à feuille seulement. Les premiers fascicules de la Géographie de l'Ain ont paru ; on peut être certain que les autres suivront régulièrement.

On nous a signalé, dans une précédente séance, des erreurs grossières qu'ont commises nos cartographes les plus connus dans la délimitation des territoires de nos colonies ; on pourrait en relever d'autres dans la figuration et la description de notre géographie locale qui ne sont pas moins regrettables. La Société de l'Ain n'adresse aucun reproche à personne, mais elle a déjà rectifié et complété plusieurs informations courantes sur la topographie du département, les mœurs et les conditions d'existence de ses habitants. Son ouvrage constituera une source de renseignements qu'on ne pourra plus négliger dans l'avenir.

Si la Société de Géographie de l'Ain s'occupe des intérêts locaux qu'elle représente, elle ne s'isole pas des autres Sociétés. Ce n'est pas à moi de dire si le dernier Congrès, qui a été organisé par ses soins à Bourg, a répondu à l'attente des délégués qui y ont pris part ; je m'en réfère sous ce rapport à l'opinion de mes honorés Collègues. Ce dont je puis témoigner, c'est qu'elle n'a rien négligé pour leur faciliter leur tâche et qu'elle ne regrette ni ses efforts, ni ses sacrifices. C'est pour elle un de ses plus beaux titres d'honneur que d'avoir reçu les représentants les plus autorisés des Sociétés françaises de Géographie.

La Société de Géographie de l'Ain a prouvé qu'on peut s'occuper avec succès et avec utilité des questions géographiques dans tous les milieux où se rencontrent des hommes de bonne volonté; c'est, si je ne me trompe, un résultat qui mérite d'être constaté devant une assemblée semblable à la nôtre.

3° Rapport fait au Congrès de Montpellier, par M. H. Cons, professeur à la Faculté des Lettres de Lille, président et délégué de l'Union Géographique du nord de la France, sur les travaux de cette Société.

MESSIEURS,

L'Union Géographique du Nord de la France n'existait pas encore au moment où s'est tenu ici même, en 1878, le premier Congrès organisé par la Société Languedocienne de Géographie. Permettez-moi donc de vous exposer tout d'abord en peu de mots son organisation ; elle peut, en raison des particularités qu'elle présente, vous offrir quelque intérêt.

C'est sous l'impulsion de M. Foncin, alors recteur de l'Académie de Douai, que s'est fondée notre fédération ; ainsi s'explique son ressort primitif, celui de l'Académie de Douai, et le choix de son siège, Douai. Notre cercle d'action est aujourd'hui plus restreint. Plusieurs de nos Sociétés se sont séparées de nous pour vivre de leur vie propre ; ainsi, dès 1882, celle de Lille, à laquelle s'est annexée depuis la Société de Valenciennes ; ainsi plus récemment la Société des Ardennes avec Charleville pour siège, et celles de Saint-Quentin et de Laon. Notre domaine se trouve donc réduit de moitié. Mais l'Union ne compte encore pas moins de dix Sociétés dont les sièges sont à Amiens pour la Somme, Arras, Béthune, Boulogne, Calais, Saint-Omer pour le Pas-de-Calais, et dans le Nord, Avesnes, Cambrai, Douai et Dunkerque, Douai restant, malgré le transfert de l'Académie à Lille, notre siège social.

Les cotisations que payent nos membres associés, et le chiffre en est réduit de moitié pour les membres de l'enseignement primaire, sont divisées en deux parts, l'une versée à la caisse de l'Union destinée à parer aux frais de bulletin, d'administration, d'échanges, de conservation des archives et de la bibliothèque, l'autre laissée à chaque Société, qui l'emploie au mieux des intérêts de sa circonscription en encouragements de toutes sortes au développement des connaissances géographiques. Chaque Société devient ainsi un petit foyer d'action et de lumière dont les rayons venant de plus près jettent plus d'éclat, dont la chaleur est plus communicative, et l'effet plus bienfaisant. Ici, ce que l'on considère comme répondant le mieux aux besoins et aux désirs de la population, ce sont des conférences dans lesquelles on fait entendre les explorateurs ou les hommes d'étude, de manière à élargir le cercle des préoccupations, à tenir au courant de toutes les grandes découvertes et des grandes questions qui s'agitent dans le domaine de la politique coloniale et de la lutte pour la conquête de débouchés nouveaux ; ici, l'on croit préférable de s'attacher avant tout à la reprise par la base des méthodes d'enseignement géographique, et l'on consacre tous ses efforts à l'instruction primaire; là, on entend les encouragements à l'enseignement secondaire, pour lequel on institue aussi des cours et des prix ; une Société préférera donner comme récompense des atlas, des sphères, de bons livres; l'autre offrir aux lauréats des excursions organisées avec soin sous la conduite d'un maître ou d'une maîtresse (car les jeunes filles ont aussi leurs promenades géographiques) choisis par elle ; ailleurs encore, on organisera une exposition de tous les produits agricoles et industriels de la région , musée d'un singulier intérêt où ceux mêmes qui croyaient le mieux connaître le pays apprendront encore, comme cela s'est fait à l'Exposition d'Avesnes dont je parlais au Congrès du Havre, qui a reçu plus de 10,000 visiteurs payants et dont l'intérêt venait surtout de la constitution spéciale de cet arrondissement où, à côté des régions essentiellement agricoles comme Landrecies et Bavai, se pressent des centres industriels aussi considérables qu'Avesnes, Fourmies et Maubeuge. Dans les ports, à Dunkerque, à Boulogne, des cours réguliers de géographie commerciale sont faits sous le patronage des Sociétés de Géographie par des professeurs de collège ou des instituteurs; des relations s'établissent entre la Société de Géographie et les centres d'étude, comme à Boulogne la station agricole, pour l'étude des questions d'intérêt commun ; les Chambres de commerce encouragent et patronnent tous ces efforts, les municipalités s'y associent, chaque siège de Société est un centre de vie géographique. Les relations entre Sociétés entretiennent le feu sacré, et l'Union, en dégageant le bureau de chaque Société de la préoccupation si absorbante du Bulletin, lui facilite l'application de toute sa bonne volonté, de toutes ses ressources à la satisfaction des intérêts locaux.

La publication du Bulletin et les divers soins que j'indiquais il y a un instant ne sont pas les seules fonctions réservées dans notre organisation au bureau central. Notre vie commune s'affirme en outre dans des réunions semestrielles tenues alternativement dans chacune de nos villes. Ces réunions comportent généralement deux parties: la séance officielle dans laquelle on entend, outre les rapports du secrétaire général sur les travaux du semestre et les comptes du trésorier, les communications d'intérêt commun ; c'est ainsi que, dans notre dernière réunion, nous avons entendu le rapport sur un projet de création de Bourses de Commerce dont je vous entretiendrai dans une autre séance — et la réception intime. Des promenades dans la ville ou dans le port, la visite de bâtiments scolaires, d'usines, de bâtiments de commerce, du port, des travaux. C'est ainsi qu'à Dunkerque un remorqueur de la Chambre de Commerce emmenait les délégués en mer, où des guides expérimentés leur expliquaient la structure de la rade, son régime et les conditions d'accès du port; que, rentrés au port, nous en visitions tous les détails, admirant son activité toujours croissante, les résultats obtenus et ceux que promet l'achèvement des travaux; à Boulogne, un remorqueur nous faisait visiter, quelques jours après le Président de la République, et sous la conduite des mêmes guides, MM. les Ingénieurs des travaux, le port en eau profonde. Nous constations les effets inattendus produits par la jetée de digues. Les courants, au lieu de longer le littoral et de venir rendre périlleuse l'entrée de la Liane et du vieux port, passent au large, vont directement de la pointe du Portel au cap Gris-Nez, laissant devant Boulogne, au delà du port en eau profonde, une magnifique rade, bien abritée, tranquille, grâce à laquelle l'entrée et la sortie du port, trop souvent autrefois rendues difficiles par les grosses mers, pourront s'opérer en tout temps. Un banquet ou un punch réunissent les délégués aux principaux associés et aux autorités de la ville. Là, ce sont les intérêts particuliers de la ville que l'on examine dans le meilleur esprit de concorde. Le président de la Société locale résume ses vœux, ses aspirations, montre ses ressources; le président de l'Union indique à son tour des sujets de recherches, d'attention, d'études, et si tous les travaux qu'il recommande n'aboutissent pas, si, malgré les efforts communs, tous les vœux n'obtiennent pas satisfaction, tous les détails de cette journée retracés à leur retour par les Délégués aux Sociétés qui les ont envoyés, font que rien de ce qui intéresse notre région ne nous reste étranger, que nous connaissons toutes nos ressources, et c'est déjà quelque chose entre autres que de rapporter chez soi et de faire partager à tous cette conviction que, grâce aux travaux exécutés, à leur magnifique installation, à leur outillage, nos trois ports de Dunkerque, Calais et Boulogne sont en état de lutter contre la concurrence d'Anvers.

Telle est notre vie, Messieurs. Je ne veux pas terminer sans rappeler les liens qui, malgré notre situation aux deux extrémités de la France, rapprochent l'Union Géographique du Nord de la

Société de Montpellier. Nos trois présidents successifs vous tiennent en effet par quelque lien. Notre fondateur a grandi dans votre ville où son père a longtemps dirigé votre beau lycée. Son successeur a été votre premier secrétaire général, M. Nolen, dont vous n'avez certes pas perdu le souvenir ; le troisième est heureux de vous apporter aujourd'hui les vœux de l'Union Géographique pour la prospérité de votre vieille cité universitaire et de la Société Languedocienne de Géographie.

4° Rapport de M. Denis Guillot, délégué de la Société de Géographie commerciale du Havre, sur les travaux de cette Société.

(Ce rapport ne nous ayant pas été communiqué, nous n'avons pu le reproduire, à notre grand regret.)

M. le président félicite successivement les délégués et rapporteurs de ces différentes Sociétés de leur activité et remercie en particulier la Société de l'Ain de l'accueil fait en 1888 aux membres du dernier Congrès.

L'ordre du jour appelle la discussion d'un rapport de M. Cons sur les «Bourses de voyage et les missions de l'État». — Le rapporteur signale au Congrès, en quelques mots, une excellente initiative prise par la Société dont il est le président, l'Union Géographique du Nord de la France, d'accord avec les Chambres de Commerce de la région, pour la fondation de bourses de commerce, et il dépose sur le bureau un exemplaire de ce projet, ainsi conçu :

Union Géographique du Nord de la France. — Projet de création de bourses de commerce présenté à la Commission centrale de l'Union Géographique, par M. Thomas DEMAN, *secrétaire de la Société de Dunkerque.*

ARTICLE PREMIER. — Des bourses de commerce sont instituées par l'Union Géographique du nord de la France avec le concours des Chambres de commerce de la région.

Ces bourses ont une valeur variable de 1,200 à 2,000 fr. selon l'importance et la durée du voyage.

Elles seront renouvelables une ou deux fois au maximum. Des

décisions spéciales, rendues par la Commission dont il sera ci-après parlé, régleront ces renouvellements.

ART. 2. — Pour être ainsi admis à concourir pour les bourses de commerce, les candidats devront adresser leur demande au Président de l'Union avant le 31 décembre de chaque année, et joindre à cette demande :

1° Un certificat de bonne vie et mœurs ;

2° Un extrait de leur casier judiciaire ;

3° Un extrait de leur acte de naissance ;

4° Un certificat médical ;

5° Un certificat du maire de leur commune établissant leur situation pécuniaire et celle de leurs parents ;

6° Un état des travaux scientifiques et autres qu'ils auraient pu accomplir, comme des travaux ou publications qu'ils auraient pu faire paraître.

Ils devront justifier :

1° Qu'ils sont Français ;

2° Qu'ils auront 20 ans au moins et 25 ans au plus à l'époque du concours ;

3° Qu'ils sont en règle avec l'autorité militaire ;

4° Enfin, ils devront indiquer la profession vers laquelle ils ont dirigé leurs études, et fournir un certificat émanant de personnes d'une notoriété bien établie, constatant leur aptitude à l'exercice de cette profession.

ART. 3. — Les candidats seront appelés à subir dans le courant du mois de janvier de chaque année un examen comprenant des épreuves écrites.

Cet examen aura lieu à Lille, sous la surveillance du Président de l'Union Géographique ou de son délégué.

Les épreuves porteront sur :

1° Une version ⎰
2° Un thème ⎱ allemands ou anglais au choix du candidat.

3° Un rapport sur une question industrielle ou commerciale qui sera fixée chaque année par l'assemblée de l'Union dans sa séance de décembre.

Cette même assemblée désignera les membres du jury chargé d'examiner les compositions des candidats.

Les épreuves seront éliminatoires.

ART. 4. — La valeur relative de chacune des épreuves sera représentée par les chiffres suivants :

> Version — 3.
> Thème — 3.
> Rapport — 6.

Pour arriver à une appréciation exacte et comparative du mérite des concurrents, il sera attribué à chacune des parties de leur examen une valeur numérique exprimée par des chiffres variant de 0 à 20.

Une moyenne sera établie d'après ces chiffres pour chaque partie du programme ; chacune de ces moyennes sera multipliée par sa valeur relative telle qu'elle est ci-dessus indiquée, et la somme des produits donnera le nombre total des points obtenus pour l'ensemble des épreuves.

Tout candidat qui n'aura pas obtenu une moyenne générale au moins égale à 12 sera ajourné.

ART. 5. — Les candidats admissibles subiront ensuite devant le jury, nommé par l'assemblée, un examen oral portant sur les langues anglaise et allemande, sur leurs travaux antérieurs, sur leur profession et sur toutes les questions qui paraîtront de nature à éclairer le jury sur la valeur réelle des candidats.

Cet examen aura lieu également à Lille.

Les frais de déplacement sont à la charge des candidats.

Le classement définitif sera présenté par le président de l'Union à l'assemblée du mois de juin, et cette assemblée, sur le vu du rapport du jury, et après avis de la commission spéciale instituée par l'article 7 ci-après, accordera les bourses et en fixera le quantum.

ART. 6. — Les titulaires des bourses de commerce seront tenus d'adresser tous les trois mois au Président de l'Union Géographique, sous peine de déchéance immédiate de la bourse, un rapport sur leurs études et observations sur les nouvelles relations qu'il serait possible de créer entre la France et le pays où ils résideront, en un mot sur tout ce qui pourrait être profitable à l'extension du commerce français avec le pays où ils auraient été envoyés.

Tous les documents reçus seront et demeureront la propriété de l'Union Géographique du Nord.

ART. 7. — Une commission spéciale sera nommée pour l'exécution des dispositions ci-dessus.

Elle sera composée :

1° Du Président de l'Union Géographique ;

2° De trois membres des Sociétés faisant partie de l'Union, désignés chaque année par l'assemblée générale de décembre ;

3° D'un délégué par Chambre de commerce qui votera un subside à l'institution.

Cette Commission donnera son avis motivé sur l'admission définitive des candidats, après avoir examiné les rapports du jury sur les compositions écrites et l'examen oral.

Elle donnera également son avis motivé sur le renouvellement ou la suppression des bourses, sur le vu des rapports adressés trimestriellement au Président de l'Union par les boursiers.

Béthune, le 22 décembre 1889.

Th. DEMAN,

Avocat, Secrétaire de la Société de Géographie de Dunkerque.

M. Convert félicite l'Union Géographique du Nord de cette initiative et rappelle qu'il existe du reste, en dehors des bourses privées, un service officiel de missions à l'étranger. C'est ainsi qu'on a donné à M. Viala mission d'aller étudier les vignes américaines en Amérique ; à M. Hérisson les moyens d'aller visiter les travaux d'irrigation dans la vallée du Pô, missions qui ont donné lieu à de remarquables rapports.

M. Bayle rappelle qu'il existe en outre une Société d'encouragement pour le commerce et l'industrie, qui distribue des bourses analogues.

M. Guénot dit que certains conseils généraux en ont créé aussi, notamment celui de la Haute-Garonne, qui en a fondé quatre, sur l'impulsion de la Société de Géographie de Toulouse.

M. le colonel Arnould déclare que cette institution est d'autant meilleure qu'elle permettra au commerce français de se passer de représentants étrangers. Il lui est arrivé de rencontrer avec douleur, à Calais notamment, des Allemands employés dans des maisons françaises et chargés de faire la correspondance en allemand, en anglais aussi bien qu'en français, avec des appointements de 10,000 et 12,000 fr. Quand ces étrangers ont surpris nos secrets, ils vont ensuite s'installer chez eux. Il y a là une cause de grand dommage pour le commerce français. Le meilleur moyen de se passer de pareils commissionnaires, ce serait évidemment de multiplier les bourses de voyage permettant d'étudier le commerce étranger et les langues étrangères.

M. Deloncle, président de la séance, est du même avis et demande qu'on formule un vœu en ce sens.

M. Turquan, délégué du Ministre du Commerce, de l'Industrie et des Colonies, répond que l'Administration a été très frappée des efforts faits en ce sens par les Sociétés de Géographie et qu'elle s'est préoccupée déjà des vœux émis à cet égard par le dernier Congrès Géographique de Bourg et le Congrès Philomathique de Bordeaux. — Déjà, en 1888, avait été publié un premier règlement, dont M. Turquan dépose sur le bureau un exemplaire. — Actuellement, on en prépare un plus large, qui permettra entre autres choses, aux titulaires des bourses, d'être assimilés, au point de vue du service militaire, aux élèves de certaines écoles, afin qu'ils ne soient pas arrêtés par les trois ans de présence obligatoire à la caserne. — De plus, l'administration a décidé de publier les travaux des chargés de missions et des titulaires de bourses dans le Bulletin consulaire et le Bulletin du commerce, afin de les mettre à la disposition du public, qui a pu déjà en apprécier la valeur.

Voici les règlements de 1888 :

Ministère du Commerce, de l'Industrie et des Colonies.

RÈGLEMENT RELATIF AUX BOURSES COMMERCIALES DE SÉJOUR A L'ÉTRANGER FONDÉES PAR LE MINISTÈRE DU COMMERCE, DE L'INDUSTRIE ET DES COLONIES.

ARTICLE PREMIER. — Des bourses commerciales de séjour à l'étranger sont mises au concours par le ministère du Commerce, de l'Industrie et des Colonies.

7.

Ces bourses ont une valeur de 1,500 à 3,000 fr. par an et pourront être renouvelées, jusqu'à concurrence de trois années, par décision spéciale rendue après avis d'une commission chargée d'examiner les rapports et les travaux transmis tous les trois mois par les boursiers. Les départements, les communes et les maisons de commerce intéressés seront invités à concourir à la dépense.

ART. 2. — Pour être admis à concourir, les candidats doivent produire un certificat de bonne vie et mœurs, un certificat médical, un certificat du maire de l'arrondissement ou de la commune, établissant leur situation pécuniaire et celle de leurs parents, et justifier en outre :

1º Qu'ils sont Français et en règle avec l'autorité militaire ;

2º Qu'ils auront 20 ans au moins et 30 ans au plus à l'époque du concours ;

3º Qu'ils sont munis du diplôme d'une des écoles de commerce ci-après désignées :

École des hautes études commerciales ;

École supérieure de commerce de Paris ;

École supérieure de commerce de Lyon ;

École supérieure de commerce de Marseille ;

École supérieure de commerce de Rouen ;

École supérieure de commerce du Havre ;

École supérieure de commerce de Bordeaux ;

Institut commercial de Paris ;

École commerciale de l'avenue Trudaine (Paris) ;

Section commerciale de l'École professionnelle de Reims ;

Section commerciale de l'École industrielle des Vosges à Épinal ;

Association du Commerce et de l'Industrie de Grenoble ;

École primaire supérieure commerciale de Boulogne-sur-Mer;

École primaire supérieure commerciale d'Aire-sur-l'Adour.

ART. 3. — Les épreuves écrites du concours auront lieu, dans le courant du mois d'octobre, au chef-lieu de chaque département, sous la surveillance d'une Commission dont les membres seront désignés par le Préfet.

Immédiatement après le concours, les compositions des candidats seront transmises au ministère du Commerce, de l'Industrie et des Colonies pour être soumises à un jury nommé par arrêté ministériel.

Les candidats admissibles aux épreuves orales viendront subir ces épreuves à Paris, au ministère du Commerce, de l'Industrie et des Colonies, rue de Varenne, n° 80.

Art. 4. — Les demandes d'inscription doivent être adressées au ministère du Commerce, de l'Industrie et des Colonies, quinze jours au moins avant le concours.

Art. 5. — L'examen écrit comprend :

1° Une question sur les opérations de commerce ou de banque (monnaies étrangères, change, arbitrages, procédés commerciaux, faillites, procédure commerciale) ;

2° Une composition en langue étrangère (anglais, espagnol, allemand, portugais, italien, langues orientales vivantes), au choix du candidat ;

3° Une question sur la géographie commerciale du monde entier.

L'examen oral porte :

1° Sur la comptabilité ;

2° Sur le droit commercial français, les éléments de procédure commerciale et la législation douanière ;

3° Sur une ou plusieurs langues étrangères, au choix du candidat (anglais, espagnol, allemand, portugais, italien, langues orientales vivantes) ;

4° Sur la géographie commerciale du monde entier et l'étude des marchandises.

Le Ministre pourra demander aux établissements d'où sortent les candidats une note sur leur aptitude physique.

Art. 6. — La valeur relative de chacune des parties du programme sera représentée par les chiffres suivants:

ÉPREUVES ÉCRITES.

Opérations de commerce ou de banque.... 4

Langues étrangères.

Anglais............................... 4

Espagnol............................ 4

Allemand 4

Portugais.... 4

Italien............................ 2

Langues orientales vivantes............ 4

Géographie commerciale du monde entier...... 3

Orthographe et écriture................... 2

La composition de langue étrangère comprend trois épreuves : une version, un thème et une correspondance. La valeur relative de chacune de ces épreuves sera représentée par les coefficients particuliers suivants :

Version.................... 2

Thème.................... 4

Correspondance.............. 6

Le nombre total des points obtenus par le candidat pour ces trois épreuves sera divisé par 12 et multiplié ensuite par le coefficient indiqué ci-dessus pour chaque langue.

ÉPREUVES ORALES.

Comptabilité............................ 4

Droit commercial et législation douanière...... 3

Langues étrangères[1].

Anglais 4

Espagnol......................... 4

Allemand........ 4

Portugais......................... 4

Italien........................... 2

Langues orientales vivantes............ 4

Géographie commerciale et étude des marchandises 4

[1] Les coefficients indiqués ne s'appliquent qu'à la langue spécialement choisie par le candidat. Quand celui-ci demande à être interrogé sur d'autres langues, il est attribué uniformément à ces langues le coefficient 1.

Pour arriver à une appréciation exacte et comparative du mérite des concurrents, il sera attribué à chacune des réponses ou parties de leur examen une valeur numérique exprimée par des chiffres variant de 0 à 20 et ayant les significations ci-après :

0, néant ;

1, 2, très mal ;

3, 4, 5, mal ;

6, 7, 8, médiocre ;

9, 10, 11, passable ;

12, 13, 14, assez bien ;

15, 16, 17, bien ;

18, 19, très bien ;

20, parfait.

Une moyenne est établie d'après ces chiffres pour chaque partie du programme ; chacune de ces moyennes est multipliée par le nombre exprimant sa valeur relative telle qu'elle est ci-dessus indiquée, et la somme des produits donne le nombre total des points obtenus pour l'ensemble des épreuves.

ART. 7. — Les candidats qui pourront établir qu'après leur sortie d'une des écoles désignées à l'article 2 ils ont passé une année ou plus dans les affaires et qui présenteront à ce sujet une attestation jugée satisfaisante bénéficieront d'un supplément de points calculé sur les bases suivantes :

Pour une année : 5 % ; pour deux années ou plus : 10 % du nombre des points obtenus par eux.

ART. 8. — Ne pourront être déclarés admissibles aux épreuves orales les candidats qui auraient obtenu une note particulière inférieure à 6 ou une moyenne générale inférieure à 10.

ART. 9. — Les candidats reconnus dignes de la bourse de séjour seront autorisés à indiquer la résidence de leur choix au Ministre du Commerce, de l'Industrie et des Colonies, qui statuera sur ce point.

Les pays placés sous le protectorat de la France et les colonies françaises peuvent être désignés par les candidats comme lieux de résidence.

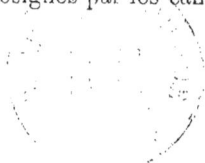

ART. 10. — *Les boursiers ne doivent pas quitter la région qui leur aura été fixée pour résidence sans une autorisation spéciale du Ministre,* sauf pour des cas de maladie ou de force majeure constatés ou justifiés par les agents diplomatiques ou consulaires français dans les pays étrangers, ou par les résidents ou gouverneurs dans les colonies ou les pays de protectorat.

ART. 11. — Pourront être privés de leur bourse les titulaires qui commettraient des actes entachant leur honorabilité ou dont la conduite donnerait lieu à des plaintes de la part des consuls français ou des autorités locales. La suppression des bourses ne pourra être prononcée par le Ministre du Commerce, de l'Industrie et Colonies qu'après enquête, l'intéressé entendu.

ART. 12. — A partir de leur arrivée dans leur résidence, les titulaires des bourses de séjour doivent adresser, tous les trois mois, au ministère une étude générale ou spéciale sur le commerce et les industries de la région.

Ils devront y joindre un certificat du consul français et du résident ou du gouverneur, constatant que le boursier s'occupe sérieusement d'études, d'affaires ou de travaux commerciaux.

RÈGLEMENT RELATIF AUX BOURSES DE VOYAGE EN FAVEUR DES ÉLÈVES DES ÉCOLES INDUSTRIELLES.

ARTICLE PREMIER. — Des bourses industrielles sont instituées par le Ministre du Commerce et de l'Industrie.

Ces bourses ont une valeur variable de 1,500 à 3,000 francs, selon l'importance et la durée du voyage.

Elles seront renouvelables une ou deux fois au maximum. Des décisions spéciales, rendues après avis d'une commission chargée d'examiner les rapports et les travaux transmis tous les trois mois par les boursiers, régleront ces renouvellements. Les départements, les communes et les industriels intéressés seront invités à participer à la dépense.

ART. 2. — Pour être admis à bénéficier des dispositions précédentes, les candidats doivent se faire inscrire au ministère du

Commerce et de l'Industrie avant le 8 septembre et joindre à leur demande :

1° Un certificat de bonne vie et mœurs ;

2° Un certificat médical ;

3° Un état des travaux qu'ils ont accomplis depuis leur sortie de l'école ;

4° Un certificat du maire de l'arrondissement ou de la commune établissant leur situation pécuniaire et celle de leurs parents.

Ils doivent justifier en outre :

1° Qu'ils sont Français ;

2° Qu'ils auront 20 ans au moins et 30 ans au plus à l'époque du concours ;

3° Qu'ils sont en règle avec l'autorité militaire ;

4° Qu'ils sont munis du diplôme de fin d'études d'une école publique ou libre, relevant du Ministre du Commerce et de l'Industrie, subventionnée ou reconnue par lui.

Ils devront indiquer, dans leur demande, les centres industriels qu'ils désirent visiter. L'Administration se réserve d'ailleurs la faculté de modifier l'itinéraire proposé.

Art. 3. — Les candidats sont appelés à subir, dans la première quinzaine de septembre, au chef-lieu du département de leur domicile et sous la surveillance d'une commission désignée par le Préfet, des épreuves écrites. Les épreuves porteront uniquement sur l'anglais ou l'allemand, au choix du candidat ; elles comprendront une version, un thème et un rapport industriel. Chaque candidat peut d'ailleurs subir les épreuves pour les deux langues.

Lesdites épreuves sont éliminatoires.

Art. 4. — Immédiatement après les épreuves, les compositions des candidats seront transmises au ministère du Commerce et de l'Industrie pour être soumises à un jury nommé par arrêté ministériel.

La valeur relative de chacune des épreuves écrites sera représentée par les chiffres suivants :

Version`...................... 2

Thème...................... 4

Rapport..................... 6

Pour arriver à une appréciation exacte et comparative du mérite des concurrents, il sera attribué à chacune des parties de leur examen une valeur numérique exprimée par des chiffres variant de 0 à 20 et ayant les significations ci-après :

0, néant ;

1, 2, très mal ;

3, 4, 5, mal ;

6, 7, 8, médiocre ;

9, 10, 11, passable ;

12, 13, 14, assez bien ;

15, 16, 17, bien ;

18, 19, très bien ;

20, parfait.

Une moyenne sera établie d'après ces chiffres pour chaque partie du programme ; chacune de ces moyennes sera multipliée par le nombre exprimant sa valeur relative telle qu'elle est ci-dessus indiquée, et la somme des produits donnera le nombre total des points obtenus pour l'ensemble des épreuves.

Tout candidat qui n'aura pas obtenu une moyenne générale au moins égale à 10 sera ajourné.

ART. 5. — Les demandes des candidats déclarés admissibles seront communiquées aux directeurs des établissements désignés à l'article 2, et, le conseil de l'école entendu, ceux-ci enverront au Ministre, avec les pièces communiquées, des propositions de classement. L'Administration s'entourera, d'autre part, de tous les renseignements complémentaires.

Les candidats admissibles subiront à Paris, devant le jury nommé par le Ministre, un examen oral portant sur les langues anglaise ou allemande, sur leurs travaux antérieurs, sur les raisons d'ordre industriel qui ont déterminé le choix des centres qu'ils désirent visiter et sur toutes les questions qui paraîtront de nature à éclairer le jury sur la valeur réelle des candidats.

Les frais de déplacement des candidats sont à leur charge.

D'après les éléments d'appréciation ci-dessus relatés et les résultats des deux épreuves, le jury opère le classement définitif et présente ses propositions au Ministre.

La répartition des boursiers sera faite, autant que possible, proportionnellement au nombre des diplômes et certificats d'études délivrés chaque année par les établissements ayant fourni des candidats.

Art. 8. — Les titulaires des bourses industrielles sont tenus d'adresser, tous les trois mois au moins, au Ministre du Commerce et de l'Industrie, un rapport sur leurs études et leurs observations.

Ces documents demeurent la propriété du ministère.

M. Deloncle, président de la séance, tout en remerciant le gouvernement d'avoir pris en considération les vœux des précédents Congrès, propose de voter un nouveau vœu, rédigé par M. Castonnet des Fosses, attirant de nouveau l'attention et la sollicitude de l'Administration sur ce détail important de notre développement économique.

L'ordre du jour appelle ensuite la discussion de la question proposée par la Société de Géographie de Tours et rapportée par M. Castonnet des Fosses sur *les moyens à employer par les Sociétés de Géographie pour étendre leur influence et rendre leur action plus efficace.* — Le rapporteur propose, entre autres procédés de propagande, que les Sociétés de Géographie sollicitent des municipalités, des départements et de l'État, et prennent à leur charge la gestion des musées commerciaux, des musées d'histoire naturelle, des jardins botaniques et autres établissements du même genre.

Une discussion s'engage là-dessus et, dès le début, il est visible que le Congrès regarde la proposition de M. Castonnet des Fosses comme chimérique et irréalisable. Son vœu est en effet repoussé. — Le point le plus intéressant de ce débat, auquel ont pris part, entre autres, MM. Descubes, Turquan, Cons, Guénot, Malavialle, a été l'opinion énergiquement développée par M. Descubes, délégué du Ministre des Travaux publics, soutenu en cela par les autres délégués des différents ministères et par divers membres du Congrès, notamment M. Malavialle, que les Sociétés de Géographie, comme les autres Sociétés Savantes, sans se désintéresser du mouvement général de la Science, devaient surtout s'occuper de travaux locaux et régionaux, et que c'était là leur moyen le plus sûr d'être, de devenir ou de rester intéressantes. C'est en ce sens du reste que l'assemblée a conclu en adoptant un vœu de M. Descubes ainsi conçu : *Que les Sociétés de Géographie s'occupent surtout de questions locales et de travaux scientifiques.*

Chemin faisant, M. Denis Guillot (du Havre) a également indiqué quelques bons moyens de vulgarisation et de propagande : Conférences publiques, cours publics de langues vivantes et de topographie fondés par les Sociétés, cartes géographiques affichées à la Bourse ou dans les autres monuments publics par les soins de la Société, et destinées à attirer l'attention sur les récentes découvertes.

On s'est préoccupé ensuite, comme au Congrès du Havre, du sort réservé aux vœux émis par le Congrès. On avait décidé alors de nommer une commission pour les suivre, et MM. de Mahy et Levasseur s'étaient chargés de les porter au ministère. — On décide qu'il sera procédé de même cette année : que les vœux seront transmis par les soins du bureau à M. de Mahy, président honoraire, sinon effectif du Congrès, avec prière de les présenter à la sanction du Gouvernement.

M. Castonnet des Fosses propose ensuite le vote d'un vœu en faveur de *Paris port de mer.* — Mais, en l'absence de M. Bouquet de la Grye, auteur du projet et rapporteur le plus compétent de la question, le Congrès décide d'ajourner la discussion de cet article du programme.

A la fin de la séance, M. le Président communique au Congrès une lettre de M. F.-P. Ruffini, président de l'Académie royale des Sciences de Bologne, accompagnant l'envoi de trois exemplaires d'un mémoire intitulé : *Exposé des raisons appuyant la transaction proposée par l'Académie des Sciences de Bologne au sujet du méridien initial et de l'heure universelle.* — Un passage de cette lettre est à noter. « On ne peut pas avoir oublié que le citoyen Carney (*Bulletin de la Société libre des Sciences de Montpellier*, tom. I, pag. 19-35, année 1803) demandait un méridien initial unique et une heure universelle. Le prochain Congrès national tiendra certainement à la gloire d'avoir puissamment coopéré à la réalisation de ce grand desideratum, profitant toutefois du bénéfice de l'expérience d'environ un siècle.» — Malgré cet hommage rendu à un Français et à un Montpelliérain, le Congrès n'a pas cru devoir aborder la discussion d'une question aussi difficile, qu'il a jugée au-dessus de sa compétence, et qui n'était du reste pas dans son programme. Il a été décidé qu'on se contenterait d'en faire mention, en remerciant de son attention et de son envoi le Président et les Membres de l'Académie des Sciences de Bologne.

Séance du soir, 2 h. 30.

Présidence de M. Convert, délégué de la Société de Géographie de Bourg, assisté comme assesseurs de MM. Louis Henrique, commissaire de l'exposition coloniale de 1889, et délégué du Sous-Secrétaire d'État des colonies, et Sévin-Desplaces, conservateur de la bibliothèque du Louvre, délégué du Ministre de l'Instruction publique.

L'ordre du jour appelle la discussion de la question proposée par la Société de Géographie de Tours : *De la colonisation dans la France continentale*.

En l'absence de M. le colonel Blanchot, délégué de cette Société, et rapporteur désigné de cette question, on a dû se contenter de lire un rapport envoyé par M. Léon Moncelon, ainsi conçu :

De la Colonisation dans la France continentale.

Cette question a été développée au Congrès de Géographie de Bourg, en 1888, par l'un des membres de la Société de Géographie de Tours, en l'absence de M. le colonel Blanchot, rapporteur.

L'orateur établit un parallèle entre la colonisation de nos possessions d'outre-mer et celle des territoires incultes de la métropole ; il cherche à faire ressortir tous les avantages que présente la seconde sur la première pour sembler conclure au délaissement, partiel tout au moins, de la colonisation exotique en faveur de l'autre.

La presque unanimité du Congrès a repoussé très énergiquement une appréciation, — d'ailleurs personnelle à l'orateur — qui serait la négation formelle des principes que nous défendons tous ; MM. Quévillon, Gauthiot, de Mahy et Moncelon ramenèrent la discussion sur la question même, établirent que les deux colonisations avaient chacune leurs intérêts spéciaux, pouvaient néanmoins parfaitement marcher de pair sans se nuire, mais que la question proposée par la Société de Géographie de Tours ne saurait être discutée avec fruit sans être étayée de documents techniques sur les territoires à coloniser, leur superficie, leur état, leur situation, leur valeur intrinsèque, etc.

Le travail lu et analysé devant le Congrès par le délégué de la Société de Tours ne contenant aucun document à cet égard, l'Assemblée maintint la question à l'ordre du jour des Congrès subséquents, invitant la Société initiatrice à compléter sa proposition par un travail de statistique détaillé et par la monographie succincte des territoires à peupler qui ont attiré son attention.

Dans l'impossibilité d'assister au Congrès de Montpellier, je tiens néanmoins à faire part, à ceux de nos collègues qui constituent cette assemblée, de la manière de voir d'un agriculteur et d'un vieux pionnier colonial sur ce que la Société de Tours appelle la colonisation de la France continentale.

La Société de Géographie de Tours entend par colonisation de la France continentale le peuplement et la mise en rapport des terres incultes de la métropole.

Les terres incultes de la métropole se rencontrent, sur divers points du territoire, sous l'aspect de montagnes dénudées ; de plaines rocailleuses, sèches, arides ; de marais salants ; de marais d'eau douce sans écoulements apparents ; de landes et rivages sablonneux ; de dunes fixes ou mobiles, etc. L'impression que produisent ces espaces inutiles, souvent dangereux et malsains est celle de l'impuissance absolue de la petite main-d'œuvre à leur transformation. On reconnaît à premier examen que cette transformation exige des travaux de longue haleine et des capitaux considérables, et l'on se rend compte parfaitement de l'hésitation du faible en face d'une œuvre qui ne peut produire qu'en raison d'un effort bien au-dessus de ses ressources !

Boiser une montagne dénudée, fertiliser une plaine rocailleuse et aride par l'adduction d'un cours d'eau ou le forage d'un puits jaillissant, débarrasser des terrains submergés des eaux stagnantes en leur assurant des écoulements lointains, fixer des dunes et sables mouvants par palissage et semis d'essences résineuses........., etc , etc., tout cela constitue évidemment des entreprises colossales et pleines d'aléas qui ne sauraient convenir à cette colonisation du compatriote, du déshérité dont le sort nous préoccupe et auquel nous pouvons offrir — si nous le voulons bien — dans nos possessions d'outre-mer, d'excellentes terres toutes prêtes à produire et des moyens faciles et peu coûteux de se refaire une situation dans l'espace de quelques années seulement !

Voilà, Messieurs et chers Collègues, ce qui fait l'objet de mes plus vives préoccupations : permettre à chaque citoyen éprouvé par le malheur ou la misère de se refaire au bon soleil des colonies sans avoir à lutter là-bas contre ces difficultés mêmes qui l'ont fait échouer dans la métropole.

La mise en état de rapport de ce qui reste actuellement de terres incultes dans la France continentale n'est pas, selon moi, du ressort du colon qui nous préoccupe à si juste titre, non, elle est l'œuvre à peu près exclusive des grandes compagnies ou sociétés d'entreprises et de leurs ingénieurs... Ces Sociétés peuvent occuper, dans cette transformation (assurément productive) des terres incultes, une quantité notable d'ouvriers de tous états et contribuer ainsi au bien-être général ; mais c'est là tout ce que l'on peut espérer, dans la question, en faveur du prolétaire du délaissé que nous voudrions transformer en colon-propriétaire ; les terres incultes actuelles, une fois mises en état de rapport par le travail coûteux des Compagnies, prendront une plus-value telle qu'elles resteront encore et pour une autre cause hors de la portée de ces colons auxquels la Société de Géographie de Tours fait évidemment allusion, c'est-à-dire des colons peu fortunés que son délégué désirait ne plus voir passer outre mer.

On ne saurait donc, à mon point de vue, appeler du nom de *colonisation* le peuplement de territoires qui ne peuvent jamais appartenir qu'à des gens possédant déjà des moyens très sérieux d'existence... Il y a là de la *spéculation* et non de la colonisation. Et, en effet, si, aujourd'hui même, il nous était possible de partager, pour les retenir en France, nos terrains incultes entre ceux de nos compatriotes qui passent chaque année outre mer, nous les verrions repousser avec ensemble des dons qui achèveraient infailliblement de les *coucher sur la paille* !

Les entreprises à spéculation à termes pourront coloniser d'une façon toute spéciale les marais, les dunes, les sables et les rocailles de la France continentale ; je pense que les Sociétés de Géographie et leurs Congrès ont un objectif bien plus intéressant dans la colonisation de nos possessions d'outre-mer, et je me permets, en terminant, d'appeler tout spécialement l'atten - tion de mes amis et collègues du Congrès de Montpellier sur ce grave sujet — si grave qu'il comporte l'avenir de notre pays lui-memê !

Léon MONCELON,

Président honoraire de la 3ᵉ Section de la Société
de Géographie de Paris.

Toujours à propos de cette question, M. Deloncle a lu la communication suivante, qui se rapporte plutôt, il est vrai, à la question des pêches :

La question posée par la Société Géographique de Tours est si complexe, si difficile à étudier d'une manière complète que la Société bretonne de Géographie n'a pu encore réunir, même pour le seul département du Morbihan, des renseignements suffisants à l'élaboration d'un rapport sérieux.

Se souvenant surtout de son caractère plus particulièrement maritime, c'est vers l'exploitation de la mer plutôt que vers l'agriculture qu'elle a dirigé son enquête, pensant bien qu'en parlant de la France continentale la Société Géographique de Tours avait voulu comprendre aussi les fonds de la mer qui sont dessous les flots le prolongement du continent français.

Au point de vue donc de la colonisation agricole, nous ne pourrons vous présenter que des observations superficielles, mais nous rattacherons à cette question la colonisation aquicole, question de la plus grande importance.

Au début, nous devons faire quelques réserves sur un des motifs qui ont dicté l'enquête dont il s'agit ; nous voulons dire sur les dangers que peut présenter l'émigration à l'extérieur.

En Bretagne, dans le Morbihan surtout, cette émigration ne peut en rien nuire à la situation agricole, elle est très faible et compensée par un accroissement continu de la population.

D'une manière générale d'ailleurs et sans entrer dans le fond du débat, il est difficile de soutenir économiquement que l'émigration appauvrisse un pays, lorsque les émigrants choisissent avec soin leurs établissements à l'extérieur. Ils servent en effet à répandre l'influence de la patrie, à étendre son commerce, et leur fortune particulière revient toujours, tout au moins en partie, dans leur pays d'origine.

Quoi qu'il en soit, le courant d'émigration à l'extérieur est trop faible, et il se produit d'ordinaire dans des pays si peu riches qu'il est difficile d'y voir un danger pour l'agriculture.

Le véritable danger est surtout dans l'émigration intérieure des campagnes dans les villes.

De cette situation pourtant notre département souffre moins que beaucoup d'autres, étant donné que sa population générale augmente et que par suite le nombre des ruraux tend à se maintenir à peu près le même. Il faut excepter pourtant les territoires placés autour des villes, plus particulièrement des arsenaux de la marine, où la certitude d'une solde fixe et d'une retraite attire un grand nombre de cultivateurs.

Mais, d'une façon générale, les bras ne manquent pas, et ils seraient plus que suffisants si l'on introduisait dans le Morbihan les machines agricoles.

La grosse pierre d'achoppement de toute entreprise agricole est l'ignorance du paysan breton, c'est là surtout et tout d'abord le mal principal qu'il faut combattre.

Pour cela, il faut que l'école primaire cesse d'être la pépinière d'employés en sous-ordre et d'instituteurs futurs pour devenir plus pratique et attacher l'enfant à la terre. Il faut que dans les campagnes le fils du paysan apprenne les éléments de l'agriculture, ce que nous croyons plus utile pour lui que de savoir imperturbablement les dynasties des rois assyriens.

Dans cet ordre d'idées, l'instituteur, tout en donnant des notions générales de la géographie terrestre, devrait plus spécialement enseigner la géographie locale et la géographie commerciale.

De plus, le nombre des Ecoles d'agriculture devrait être considérablement augmenté.

Nous croyons que le paysan instruit se mettrait avec ardeur à défricher et que l'on verrait rapidement disparaître les landes incultes qui couvrent le Morbihan.

S'il ne défriche pas en effet plus qu'il ne le fait, c'est qu'ignorant les fumures, n'ayant qu'un outillage défectueux, les défrichements ne lui rapportent presque rien. Sur le granit qui forme en effet le sous-sol de la Bretagne, la couche d'humus est trop souvent peu profonde, et la terre ne peut rapporter que si elle est cultivée avec intelligence et connaissance de la science agricole.

Il y aurait encore un autre moyen de hâter les défrichements, ce serait que l'Etat aidât et répandît les colonies agricoles qui ont entrepris cette œuvre. Deux de ces colonies existent dans le département : l'une établie à Langonet par les Pères du Saint-Esprit, l'autre établie à Belle-Ile. Cette dernière est une colonie pénitentiaire subventionnée par l'Etat, où l'on place les enfants incorrigibles. Ces deux établissements rendent de grands services au point de vue agricole, et il faut souhaiter d'en voir augmenter le nombre. En continuant cette œuvre, ne pourrait-on aussi astreindre les condamnés à l'emprisonnement au défrichement des landes?

Toute la question agricole dans le Morbihan peut donc se résumer dans la solution de ce problème : augmenter le rendement des terres défrichées en instruisant le paysan et encourager les défrichements.

Augmenter le rendement, tout est là: du jour où l'agriculture rapportera des bénéfices, les bras, en Bretagne du moins, lui viendront en plus grand nombre qu'il n'est nécessaire, surtout avec les progrès des machines actuelles.

De toutes ces considérations très superficielles nous ne voulons en retenir qu'une, c'est la nécessité d'apprendre aux enfants, à l'école, des notions pratiques, et spécialement la géographie locale et commerciale du département qu'ils habitent et des pays avec lesquels ils peuvent être en rapport.

Comme nous vous l'avons dit dès le début, c'est vers l'exploitation de la mer que se sont tournées surtout les études de notre Société.

Depuis quelques années, la pêche côtière traverse une crise dont on ne peut se dissimuler la gravité.

Les pêcheurs gagnant peu désertent leur industrie et se livrent à d'autres travaux qui leur semblent plus rémunérateurs. Il y a là un danger économique pour notre industrie piscicole très importante, et un danger pour le recrutement de nos marins, car c'est parmi cette classe que se recrutent les deux tiers de notre effectif. Chercher les moyens de retenir le pêcheur en rendant son industrie plus rémunératrice, l'aider à la colonisation de la mer, n'est-ce point une tâche digne de tous les efforts ?

Dans cet ordre d'idées, la Société bretonne de Géographie n'a eu qu'à suivre et à aider de tous ses moyens les travaux d'un homme qui s'est livré entièrement à ces études, M. Guillard. Nous vous rappelons d'ailleurs qu'au Congrès du Havre vous aviez bien voulu, sur mon initiative, voter des félicitations à cet humble homme de bien. Si en effet sur la côte Ouest la pêche n'était pas rémunératrice, ce n'est pas que le poisson manquât. Sur la vaste corniche de 6,000 lieues carrées qui borde la côte se trouvent des terrains de pêche de premier ordre; mais, par routine, par crainte de l'inconnu, c'était toujours dans les mêmes zones que les pêcheurs traînaient leurs filets, les chaluts, en sorte que cette zone était entièrement dévastée. Persuadé que le poisson était allé plus au large chercher des prairies non encore pêchées, M. Guillard entreprit toute une campagne, que notre Bulletin aida de sa publicité.

Maintenant les pêcheurs du département du Morbihan vont au large, ils perdent de vue la terre, quelques-uns, en trop petit nombre, hélas ! ont appris dans ce but à faire le point.

Les résultats ont confirmé les théories émises, le poisson existe en grand nombre dans toute la zone vaseuse et sablonneuse

8

non encore exploitée. Aussi, Messieurs, la part du pêcheur, qui l'an dernier était tombée à 450 francs en moyenne est cette année de 6 à 700 francs.

Là ne doit pas se borner l'espoir donné à cette utile industrie ; si en effet le pêcheur est certain maintenant qu'il y a du poisson au large et ira le chercher, il lui reste à s'outiller de façon à pêcher fructueusement, à s'instruire nautiquement pour éviter de trop fréquents sinistres, à connaître les fonds de la mer pour éviter les endroits où il perdrait ses filets, et enfin à écouler sa marchandise.

I. *L'outillage*. — L'outillage de nos marins est entièrement défectueux. Pour draguer à la profondeur de 200 à 300 mètres, les câbles en corde sont trop lourds, il faut les remplacer par des câbles plus légers en acier, et de même remplacer les treuils à main par des treuils à vapeur.

Nos embarcations aussi sont trop lourdes et devraient être transformées.

Tout cela se fera sûrement lorsqu'on aura montré aux pêcheurs les avantages de ces modifications ; le meilleur moyen, nous semble-t-il, serait de créer des expositions de pêche, sorte de Comices piscicoles dans lesquels on décernerait des récompenses comme dans les Comices agricoles.

II. *Instruction nautique*. — Le pêcheur ne sait pas faire le point ; jusqu'ici, ne s'écartant pas des côtes, il pouvait se passer de cette connaissance. Actuellement, avec la pêche au large, il faut qu'il puisse porter sa position sur une carte. Combien sont morts en mer qui se seraient sauvés s'ils avaient su que la côte était près et qu'il suffisait d'une manœuvre pour trouver l'abri et le salut !

En outre, le patron doit avoir sur ses hommes une certaine autorité, sans cela c'est l'anarchie qui règne à bord, ce qui est trop souvent le cas.

Pour remplir ces deux buts, le patron devrait être breveté d'un brevet à peu près semblable à ceux des patrons d'Islande et de

Terre-Neuve. Ainsi l'on élèverait l'instruction du pêcheur, qui serait heureux de conquérir un brevet, et on augmenterait son ascendant sur ses hommes.

III. *Connaissance des fonds de la mer.* — Nos pêcheurs de la côte Ouest font surtout comme pêche la pêche à la drague : Ce filet très lourd, portant sur le fond, s'il se trouve des roches, se prend, et, étant donnée la vitesse du bâtiment dragueur, on est quelquefois obligé de laisser le filet. C'est une grosse perte qui empêche beaucoup le pêcheur d'aller draguer dans des endroits peu connus.

Il faudrait faire dans ce sens des cartes indiquant avec soin la nature du fond et ses profondeurs, à peu près semblables à celles qui ont été faites par M. le commandant de Roujoux pour entrer à Brest à la sonde.

Sur ces cartes, en centralisant toutes les indications des pêcheurs, on pourrait indiquer les espèces de poisson trouvées dans tel ou tel parage, ce qui aiderait l'industrie de la pêche.

IV. *Écoulement des produits.* — L'établissement des criées, ces bourses du pêcheur, aide puissamment l'écoulement du poisson en rassemblant sur un même point les marchands et la marchandise ; mais ce n'est pas suffisant. Tout le poisson pêché ne peut se vendre sur place, il faut qu'il puisse être envoyé à l'intérieur de la France, et que sur les marchés français il ne se trouve pas dans un état d'infériorité marquée avec les produits étrangers ; or, Messieurs, les transports sont très coûteux, et, grâce aux tarifs de pénétration, le poisson français est grevé de plus de droits que le poisson anglais. — De Lorient à Paris un tonneau de morue (1,000 kilogr.) paye 150 francs de transport ; si ces tarifs étaient abaissés nul doute que le trafic n'augmentât.

Les pêcheurs de Postel, réunis le 7 mars 1889, ont mis en tête de leurs cahiers généraux l'abaissement des tarifs et aussi de plus grandes facilités au point de vue de la rapidité des expéditions.

Pour ne vous citer qu'un exemple, le train de marée de Lorient à Paris n'arrive qu'à 5 heures du matin, et, lorsque le poisson est aux Halles centrales, le poisson étranger est déjà vendu.

Ces difficultés de transport n'atteignent pas que le poisson, elles frappent aussi une marchandise indispensable au pêcheur : la glace.

La glace artificielle coûte de 1 centim. à 1 centim. 1/2 le kilogr., de 10 à 15 fr. les 1,000 kilogr.; or, de Quimper, où se trouve une fabrique, à Lorient, le transport de ces 1,000 kilogr. est de 26 fr. 50 et de 46 francs de Quimper à Quiberon.

Il est inutile d'insister sur les inconvénients de pareils tarifs ; nous sommes convaincus que, si les Compagnies de chemins de fer voulaient les abaisser, le trafic augmenterait dans des proportions considérables, ce qui compenserait l'abaissement. De plus, le tonneau de poisson paye de droits d'octroi à Paris 402 francs pour la 1re catégorie (langoustes, homards, crevettes, turbots) et 216 francs pour la 2me catégorie (mulets, soles, sardines).

Or, tandis que ces droits sont forts, les droits de douane qui frappent le poisson étranger sont, pour le poisson anglais, de 6 francs par 100 kilogr., et les langoustes sont exemptes de ce droit.

Avant 1883, les sardines venant de l'étranger payaient en entrant en France 31 fr. 20 par 100 kilogr., ce droit a été abaissé en 1883, elles ne payent plus que 10 francs par 100 kilogr., tandis que pour entrer à l'étranger les sardines françaises payent 60 francs, 73 fr. 75 et jusqu'à 95 francs les 100 kilogr.

Vous le voyez, Messieurs, il y a là pour notre industrie de la pêche une situation déplorable qui fait que le pêcheur breton ne peut lutter avec avantage sur le marché de Paris avec le pêcheur anglais.

Persuadée qu'il est nécessaire de s'occuper à tous ces points de vue de l'industrie de la pêche, qui est une industrie vitale pour la France, la Société bretonne a résumé dans les vœux suivants les desiderata qu'elle vient de vous soumettre.

La Société bretonne de Géographie émet le vœu :

1° Que la pêche au large soit encouragée le plus possible ;

2° Que des Comices de pêche soient ouverts sur nos côtes, et que dans ces Comices des récompenses soient décernées aux pêcheurs dont l'outillage, la tenue, l'installation et la forme des embarcations paraîtront les meilleurs ;

3° Qu'il soit institué des brevets de patron de pêche et que dans les communes du littoral les instituteurs donnent aux élèves des notions d'hydrographie ;

4° Que le département de la marine prenne l'initiative de faire dresser des cartes des fonds de la mer, qui seraient remises aux pêcheurs contre une petite rétribution ;

5° Que les marches des trains soient modifiées pour que les produits de la mer puissent arriver sur les marchés de l'intérieur dans les conditions les plus favorables ; que les tarifs des chemins de fer soient révisés dans un sens moins onéreux ; que les tarifs de pénétration, qui mettent notre industrie dans un état d'infériorité marquée, soient modifiés de façon à sauvegarder les intérêts de la France ;

6° Que, pour donner aux pêcheurs les renseignements nécessaires à ses travaux, d'une manière analogue au *Bulletin des Communes*, il soit créé un Bulletin spécial pour la pêche ;

7° Qu'en résumé le gouvernement donne à la pêche côtière les encouragements qu'il donne à l'agriculture.

Les conclusions de ce rapport et les vœux qui les résument sont adoptés par l'assemblée.

M. Louis Sarrazain fait ensuite la communication suivante sur les Cordons littoraux du Languedoc :

Cordons littoraux du Languedoc.

Le cordon littoral du Languedoc marqué aujourd'hui par la courbe dentelée du Golfe de Lion est contemporain de la dernière époque quaternaire ; la partie triasique des côtes albériennes, les terrains crétacés entre l'Agly et l'Aude, dont une dépression à la base silurienne des Corbières sert de coupe à l'étang de Sigean, le sud-est du grand 8 jurassique de la France, avaient déjà arrêté les limites extrêmes de nos côtes avant l'apparition de l'homme. La mer pénétrait encore dans les vallées du Tech, de la Tet, de l'Agly, jusqu'à Rivesaltes ; occupait les étangs de Leucate, Lapalme, Gruissan ; s'avançait jusqu'à la hauteur de Sallèles en recouvrant les étangs de Vendres et de Capestang, et formait les premières assises des terrains bas de la côte que recouvrent aujourd'hui les alluvions de l'Orb, de l'Hérault, du . Lez, du Vidourle et du Rhône.

Les montagnes d'Agde et de Cette, placées comme des digues à l'encontre des flots, devaient faciliter les dépôts de limon qui, de concert avec un exhaussement dû à l'action volcanique, achevaient la configuration des riches plaines de notre littoral.

Est-ce à dire qu'il n'a pas varié depuis ?

La mer se retirerait-elle progressivement de nos côtes sablonneuses tandis qu'elle ronge les roches granitiques de la Provence et de la Corse ?

La réponse à ces deux questions établirait l'histoire de notre littoral si chaque partie, chaque fraction de nos côtes, était distribuée aux amateurs de la science géographique pour être l'objet d'une étude à fond.

Comme on le verra bientôt par une courte notice spéciale à Saint-Nazaire de Pezan, l'archéologie préhistorique et l'anthropologie peuvent permettre à la géographie de remonter avec l'histoire aux origines de l'homme pour y suivre les variations des eaux, y surprendre les cataclysmes de la croûte solide, acquérir des notions que le temps pourra peut-être modifier et rectifier, mais qui auront le mérite d'avoir mis sur la voie de la vérité.

Il convient peut-être d'accepter avec réserve les opinions nouvelles, surtout en ce qui concerne notre littoral. Le défaut dont la géographie est en train tous les jours de se défaire, c'est l'abus du livre et de l'autorité d'un nom établi. Le grand livre du géographe, c'est le sol ; les grandes archives les plus authentiques, ce sont les entrailles de la terre et les accidents de sa surface. Les hautes études participent des mêmes procédés que les études enfantines ; il faut apprendre par l'aspect, il faut que la nature soit pour tous le meilleur des maîtres. La nature est le contrôle le plus sûr des documents écrits.

Chacun peut voir et parcourir le littoral du Languedoc et, au bord des étangs comme sur les rivages de la mer, se demander si le remous des flots n'a pas souvent transformé les belles lignes courbes du grand bassin bleu.

En 1871, presque en face de la Peyrade, une bourrasque ravagea une centaine de mètres de la voie ferrée, et la Méditerranée sembla vouloir regagner son ancien lit par-dessus l'isthme qui la sépare de l'étang de Thau. Depuis, d'énormes roches sont entretenues en cet endroit, et, par les gros temps, le voyageur peut reconnaître au jaillissement des vagues que le phénomène se renouvellerait encore.

C'est ainsi que l'homme a fixé les limites de la mer. Il a aussi déterminé le cours des fleuves par des travaux d'endiguement. Mais partout où la nature est livrée à elle-même s'opère une transformation lente et continue. L'emplacement de Maguelonne disparaît sous les flots qui rétrocèdent d'autres points du littoral. «Depuis cent ans à peine, dit M. Lenthéric, l'étang de Vendres, qui était le golfe naturel où aboutissaient les eaux de l'Aude, s'est peu à peu comblé, et il est facile de juger de la marche rapide des aterrissements en comparant la carte de Nolis, 1692, avec la carte actuelle de l'État-Major.»

Au nord ouest de cet étang est celui de Capestang, qui est bien, après le lac salé de Marseillette aux environs de Saint-Frichoux, la dernière trace de l'antique golfe formé par la Méditerranée dans la vallée inférieure de l'Aude. Une compagnie parisienne lave, canalise et exploite le lac salé de Marseillette. Une crue de l'Aude a arrêté en 1875 le desséchement de l'étang de Capestang, qu'on réalisait grâce à d'habiles colmatages. Or une charte citée par M. l'ingénieur Duponchel établit que, sur les bords de ce dernier étang, des salines étaient exploitées sous le règne de saint Louis.

Vendres devait être à cette époque un vrai port de pêche, et les alluvions de l'Aude n'en avaient pas encore formé le Grau. C'est

qu'en effet de la Tet à l'Hérault l'afflux de nombreuses rivières gère l'action des vagues de la mer, et le dépôt d'alluvions a pu
avoir lieu sans solution de continuité. Y déterminer le travail
d'un siècle, c'est faire approximativement l'histoire du siècle
précédent. Dans ces parages on peut donc se représenter le
littoral à une date déterminée.

Du cap d'Agde au grau de Palavas aucun cours d'eau ne gêne
l'action de la tempête, et c'est ce qui explique l'accident de 1871
comme les empiétements de la mer à Maguelonne sans préjudice
des destructions consignées dans « les villes mortes » du savant
ingénieur déjà cité, M. Lenthéric.

Au delà du Grau de Palavas, l'action du Rhône est toujours
prépondérante, et l'isthme de l'étang de Mauguio présente des
bords maritimes d'une belle régularité. On peut jouir en plein de
l'agréable courbe dont le Grau-du-Roi et Palavas marquent les
limites extrêmes en se baignant au point le plus convexe marqué
par la campagne de la Motte. Il convient ici de se demander si
Aiguesmortes était un port de mer au temps de saint Louis.

Le chenal aujourd'hui comblé était à cette époque suffisant
pour recevoir une flotte, si l'on en croit, non pas seulement la
tradition, mais l'aspect du sous-sol dans toute cette portion du
littoral. On y voit, bien avant dans les marais que l'été met à
sec, des couches sablonneuses mêlées de coquillages. Pendant
la même saison, les eaux de la mer remontent jusqu'à l'ouest-
nord de la ville le cours du Vidourle, en vertu des lois du niveau.
Les sables obstruent de plus en plus le lit de cette rivière à son
embouchure, et, à un kilomètre environ en amont du grand
canal transversal, les propriétaires riverains ont établi un barrage
pour délimiter la salaison pendant la durée des eaux maigres.
Un kilomètre plus haut encore, se trouve l'ancien lit du Vidourle,
qui, comme le Dardaillon et d'autres petits cours d'eau, se per-
dait au moyen âge dans l'étang de Mauguio.

Plus encore au nord-ouest d'Aiguesmortes se trouvaient les
ports de Saint-Just, de Saint-Nazaire et de Notre-Dame des
Ports. Notre-Dame des Ports s'étendait à quatre kilomètres de

Lunel. Ce devait être sur l'étang de Mauguio un port analogue à celui de Mèze sur l'étang de Thau. Cette ville se composait de deux paroisses, celle de la Vierge et celle de Saint-Pierre. Il s'y tint deux conciles ; l'un le 15 des calendes de décembre 886, sous la présidence de saint Théodard, archevêque de Narbonne, l'autre le 19 avril 897, sous celle d'Arnuste, également archevêque de Narbonne. Telle était l'importance de cette ville, qui régnait sur l'étang de Mauguio. Une étude hydraulique allant de cet emplacement à Aiguesmortes ne laisserait plus de doutes sur les rivages, où s'embarqua pour la croisade le plus respecté de nos rois..

Cet aperçu général s'appuie sur une étude plus particulière à Saint-Nazaire de Pezan qui amène encore à constater l'exhaussement du littoral rhodanien depuis le règne de saint Louis.

Cette étude touche également à la préhistoire.

Notre littoral était-il habité dans les temps préhistoriques ? Si oui, les vestiges humains peuvent nous mettre sur des traces géographiques et nous amener à les préciser par un ensemble de recherches.

Or les premiers îlots de notre littoral étaient habités dès l'âge lacustre. Saint-Nazaire était une île dont les premiers habitants ont dû se mettre à l'abri des bêtes féroces ou des sauvages voisins dans des constructions sur pilotis analogues à celle de Latringen en Suisse. De pilotis, on n'en trouve pas la trace ; mais on ne peut nier l'existence des habitants, puisqu'on déterre des ossements et des sépultures de l'âge de la pierre polie ou néolithe. L'absence de pilotis prouve que les habitants, en devenant plus policés, ont détruit leurs premières demeures pour en construire de plus commodes. Le colonel Schwab reconnaît qu'on trouve peu de chose dans les cités lacustres où n'apparaissent pas des pilotis calcinés, c'est-à-dire dans les cités lacustres qui n'ont pas été surprises et incendiées par un voisin jaloux. Les cités qui ont pu prospérer paisiblement se sont transformées sans laisser d'autres traces que des *tumuli*. C'est d'ailleurs l'avis du D\ Keller, cité dans l'étude préhistorique si remarquable de sir

John Lubbock et attribuant aux villages lacustres un développement graduel, ne différant de l'âge de bronze ni par le caractère, ni par le mode de vie, ni par l'industrie.

On pourrait, semble-t-il, trouver la trace de ces habitations lacustres sur tout notre littoral, puisque le hasard y fait découvrir parfois des sarcophages à briques de recouvrement, comme cela eut lieu dans les marais de Vias en avril 1884.

D'après l'aspect des eaux d'inondation, l'île ou flèche de Saint-Nazaire, au moment où elle émergea des flots, occupait l'espace compris entre les marais de la Bayonne, ceux de Saint-Just et le cours du Dardaillon. Encore au xiiiᵉ siècle le ténement de la Laune, en amont du village, n'était qu'un marais dont la pêcherie payait tribu au baron de Lunel. Le seigneur de cette ville, en 1215, reconnaît donner au monastère d'Arboras tout ce qui se trouve auprès de son ténement dans les dîmeries des ports de Saint-Nazaire et de Saint-Just.

Ces ports sont aujourd'hui de beaux vignobles à 8 et 6 kil. de l'étang de Mauguio, qui a reculé vers le Sud. Ces ports et celui de Notre-Dame appartenant au régime des eaux rhodaniennes, il est permis de conclure à l'existence du port d'Aiguesmortes, qui est bien plus rapproché de la mer et qui a plus éprouvé par sa situation topographique l'influence du Rhône [1].

Il résulte de cet ensemble d'observations sur le cordon littoral du Languedoc que sa forme générale était arrêtée avant l'apparition de l'homme sur la terre. Les terrains d'alluvions seuls ont varié depuis par la triple action de la mer, des inondations fluviales et des effets plutoniens. On pourrait en rétablir

---

[1] Règle générale, l'exhaussement du sol peut avoir lieu en certains points graduellement, sans secousse apparente. Ici la côte s'abaisse, plus loin elle se relève. Le Groënland, le temple de Sérapis à Naples en témoignent. Même observation a été faite par l'Académie d'Upsal, depuis 1731, pour une partie de la Finlande et de la Suède. Les alluvions n'expliqueraient pas peut-être assez la transformation du littoral : et, comme on n'affirme pas encore que celui-ci soit en dehors des effets plutoniens, il ne serait peut-être pas téméraire d'admettre que les rivages au nord-ouest et au sud d'Aiguesmortes se sont soulevés insensiblement au cours des six derniers siècles.

l'histoire et le tracé graphique par une répartition du travail aux volontaires de la géographie et, à la lumière des sciences auxiliaires, ressusciter peut-être un passé qu'il serait important de connaître.

Louis SARRAZAIN,
Instituteur public, bachelier ès lettres
à Saint-Nazaire de Pezan, Hérault

M. Duponchel, président de la Société, fait suivre cette communication des réflexions suivantes :

Les documents historiques signalés par M. Sarrazain ont un grand intérêt en ce qu'ils établissent nettement que depuis l'époque du moyen âge le sol n'a pas cessé de s'exhausser dans la région littorale de l'étang de Mauguio comprise entre Aiguesmortes et Candillargues. Ce fait s'explique très naturellement par la continuité du dépôt de tous les sédiments du Vidourle et des autres petits affluents auxquels ont pu se joindre accidentellement des apports limoneux provenant du déversement latéral des eaux du Rhône dans les grandes crues.

Mais de cet exhaussement tout intérieur et superficiel on aurait tort de conclure à un avancement notable de la plage marine au sud d'Aiguesmortes pendant la même période.

Un empiétement de la plage en mer libre ne saurait être constitué par de simples apports limoneux ; il ne peut avoir de stabilité et de durée que s'il repose sur une base de matériaux plus résistants, tels que les sables de fond d'une rivière.

Or, s'il paraît bien indiqué que, à une époque très reculée, les sables charriés par le Rhône ont pris la direction du bras de Saint-Gilles, à l'embouchure duquel ils ont constitué le vaste appendice continental au centre duquel se trouve Aiguesmortes, il n'est pas moins démontré que, à la suite d'un changement survenu dans le régime du fleuve, les rôles se sont intervertis entre les deux bras. C'est aujourd'hui le bras d'Arles qui a pris la prédominance comme canal d'évacuation des sables, et c'est à son embouchure seulement que le delta du Rhône peut continuer à s'étendre. Quant au bras de Saint-Gilles, ne charriant plus que des limons sans consistance, il peut contribuer à exhausser le niveau des terres émergées sur lesquelles il s'épand en temps de crue, mais il ne saurait en faire émerger de nouvelles.

A. DUPONCHEL.

M. le Président communique ensuite aux Membres du Congrès:

1° Une circulaire du Comité d'organisation du Congrès international des Américanistes, les invitant à y assister et en indiquant le programme.

2° Une circulaire et une série de vœux adressés au Congrès par la Société Académique Indo-Chinoise de France.

Ces vœux étant étrangers au programme du Congrès et M. le marquis de Croizier, délégué de la Société compétente pour les développer, étant absent, le Congrès décide qu'il n'y a pas lieu de s'en occuper, quelque intérêt qu'ils puissent présenter d'ailleurs.

Séance du jeudi soir, 8 h. 30.

Dans le grand amphithéâtre de la Faculté des Lettres, devant un auditoire nombreux et choisi, M. Cons, professeur de Géographie à la Faculté des Lettres de Lille, président et délégué de la Société l'Union Géographique du nord de la France, a fait une Conférence très goûtée et très applaudie sur le *Département du Nord au point de vue pittoresque*. — Les anciens auditeurs de M. Cons, alors qu'il était professeur de Géographie à la Faculté des Lettres de Montpellier s'étaient fait un devoir et un plaisir de venir de nouveau entendre sa parole si aimée.

C'est en leur nom que M. Malavialle, président de la réunion, remercie l'éloquent conférencier de n'avoir pas oublié son ancienne patrie d'adoption ni son ancien auditoire.

Vendredi, 30 mai 1890.

Séance du matin, 9 *heures*.

Présidence de M. Castonnet des Fosses, délégué de la Société de Géographie Commerciale de Paris, assisté comme assesseurs de MM. Deloncle et le colonel Arnould.

Lecture est faite :

1° Par M. le colonel Arnould d'un rapport sur les travaux de la Société de Géographie de Paris et de la Société des Études coloniales et maritimes ;

2° Par le Président, en l'absence de M. Gauthiot, excusé, des rapports sur les travaux de la Société de Géographie commerciale de Paris, de la Société de Géographie commerciale de Saint-Nazaire, et de la Société de Géographie de Lille ;

3° Par M. le colonel Fulcrand, d'un résumé des travaux du Congrès colonial.

Voici ceux de ces rapports qui nous ont été communiqués.

Exposé de la situation de la Société de Géographie Commerciale de Paris, par M. GAUTHIOT, secrétaire général.

Je devrais vous présenter aujourd'hui un rapport aussi complet que possible sur l'activité de la Société pendant l'année qui vient de s'écouler. Malheureusement, je dois l'avouer, les circonstances exceptionnelles m'ont empêché de faire face à ce travail, et je me contenterai d'un rapport sommaire.

Une des manifestations importantes de notre activité a été l'exposition que la Société a été amenée, comme Société reconnue d'utilité publique, à organiser au Champ-de-Mars. Cette exposition, plusieurs d'entre vous ont pu la voir, l'examiner et se rendre compte ainsi de ce qu'ils connaissent déjà en partie très certainement, je veux dire des résultats obtenus par la Société dans ses seize années d'existence, de son objet, de son but. Et cependant, notre vice-président, M. Levasseur, membre du jury de la classe XVI, le disait fort bien, le résultat de l'activité d'une Société ne se montre pas à l'œil aussi facilement que le résultat de l'activité d'une entreprise industrielle ou même commerciale. Ce n'est guère qu'au moyen de graphiques et de tableaux statistiques qu'on peut indiquer les progrès d'une Société comme la nôtre, l'extension de son influence, l'augmentation de ses membres, les résultats obtenus par elle. Pour répondre à un desideratum d'un des membres de la Commission chargée de préparer notre exposition, il a fallu aussi montrer quelques-uns des échantillons qui s'amassent peu à peu dans notre local et qui composent ce que nous appelons ambitieusement à présent, mais ce qui peut-être sera exact plus tard, notre Musée commercial. Tout cela, la Commission a voulu le faire et y a réussi. Nous devons tenir compte aux hommes qui la composaient de leur zèle et de leur activité. La carte générale placée dans notre exposition, les tableaux surtout, charmants de dessin et de couleur, qui reproduisent notre diplôme et donnent la mesure de notre accroissement, et que nous devons à l'obligeance désintéressée et au talent d'un de nos collègues, M. Pilinski, ont réuni tous les suffrages. Qu'il soit ici spécialement remercié des peines qu'il a bien voulu prendre ainsi que de son désintéressement.

A ces cartes et tableaux a été jointe la collection de notre Bulletin ainsi que la table générale de ses dix premières années (1878-1888), due également au zèle désintéressé de notre collègue M. Gustave Berge, qui continue pour nous l'œuvre de son père, notre regretté bienfaiteur ; collection et table perpétuent le nom de ceux des membres de la Société qui ont bien voulu consacrer leur temps, leurs talents ou leurs loisirs, à augmenter les connaissances de ceux qui habitent la province et l'étranger, et qui veulent se tenir au courant des progrès de la Société de géographie commerciale. La commission a jugé digne et utile d'exposer les œuvres couronnées par la Société, œuvres que les éditeurs ont bien voulu mettre à notre disposition, et de dresser le tableau de ses membres, qui l'ont fait profiter de leurs études ou de leurs courses à travers le globe. Enfin il a été fait un choix parmi les produits de notre musée, et on a joint à ces produits, qui figurent convenablement au-dessous des autres objets, le mode de classement adopté pour ces produits et permettant de les retrouver et de les comparer. En somme, notre exposition, si peu qu'elle pût faire connaître aux non initiés l'activité de notre Société, a pourtant donné à un jury d'autant plus difficile à contenter qu'il était plus porté vers les travaux de pure science, assez de satisfaction pour qu'il lui ait accordé la plus haute récompense après celle accordée à la Société de géographie.

Notre Société a pris cette année une part active à divers Congrès.

Le premier en date a été le Congrès des Sociétés savantes de Paris et des départements, qui s'est réuni à Paris le 13 juin. La Société y a été représentée par deux de ses membres, MM. Castonnet des Fosses et Gauthiot, et ce dernier y a fait une communication sur l'étude des langues vivantes dans les établissements d'enseignement spécial. Puis est venu le Congrès des Chambres syndicales, dans lequel trois de nos collègues ont pris la parole pour soutenir des idées qui sont nôtres. Le Congrès de l'Association française pour l'avancement des sciences a succédé au précédent. La présidence d'une des sections, celle de géographie, avait été déférée, au Congrès d'Oran, à M. Gauthiot, qui, grâce à la collaboration active de plusieurs membres de la Société, et en particulier à celle de M. le Dr Delisle, qui avait bien voulu accepter les fonctions de secrétaire, a pu diriger utilement les travaux et obtenir des résultats très satisfaisants.

Enfin, Messieurs, nous avons eu le Congrès international des Sciences géographiques, dont les commissaires étaient deux membres de la Société, MM. de Bizemont et Gauthiot. Dans l'une des sections de ce Congrès, la troisième, intitulée : « Section économique et commerciale », tout notre Bureau a pris place, M. Meurand, notamment, comme président, et M. Cravoisier, comme secrétaire ; c'était donc, en quelque sorte, un Congrès international de géographie commerciale. Il ne me sied pas d'apprécier ici l'œuvre du Congrès en général et celle de cette troisième section en particulier ; je constaterai seulement que cette section a examiné, discuté, approfondi des sujets de premier ordre et que les savants étrangers qui s'intéressent à nos études et se sont montrés empressés à prendre part à la discussion des questions qui avaient été soumises à l'examen ont été satisfaits du cours des débats. Plus d'un, parmi eux, a tenu à honneur de se faire admettre au milieu de nous ; d'autres, déjà nos collègues, ont témoigné pour notre Compagnie de leur sympathie croissante. Là aussi, nous avons donc bien tenu notre rang.

Le Congrès colonial, réuni sous la présidence de M. Barbey, ancien ministre de la Marine, a encore trouvé, collaborant brillamment, dignement, à la même œuvre maint de nos collègues. La première section présidée par M. Gauthiot a été particulièrement active; nos amis, M. Moncelon en particulier, secrétaire de cette section, y ont donné la mesure de ce qu'on pouvait attendre d'eux comme administrateurs, comme hommes de science et comme Français s'intéressant aux intérêts coloniaux de leur pays. Au Congrès de l'intervention de l'État dans les questions d'émigration et de colonisation, présidé par M. Isaac, sénateur, ayant pour vice-présidents MM. Burdeau et Gauthiot, même concours et adoption de propositions émanées de plusieurs de nos collègues et soutenues par eux. Le secrétaire général, en l'absence du président, retenu au Sénat par de pressants devoirs, s'est trouvé chargé d'une lourde et délicate besogne, la conduite des délibérations; il a pu contribuer toutefois à faire consacrer des principes plus d'une fois soutenus dans le sein de la Société de géographie commerciale. Le dernier Congrès auquel la Société a pris part a été le Congrès de l'industrie et du commerce. Des questions d'un intérêt capital, celle des traités de commerce et de l'enseignement technique en particulier, y ont été traitées, la première, par un de nos collègues, M. Hayem, avec talent. Je me borne à ces indications sommaires relativement à l'activité, en quelque sorte extérieure, de la Société dans le cours de l'année écoulée.

Vous avez pu constater plus ou moins, et j'ai la confiance que votre jugement sera favorable, quelle a été son activité intérieure. Nos séances mensuelles, assemblées générales et réunions de sections, ont été honorées de la présence et de la participation effective d'un nombre toujours grand d'explorateurs, de savants, de publicistes, de commerçants éclairés, d'hommes d'idées et d'expérience, auxquels les auditeurs attentifs, partisans dévoués ou adversaires de bonne foi, n'ont pas manqué. C'est ainsi que, grâce au bureau central et aux bureaux de section, nos collègues ont pu entendre la parole

éloquente de M. Spuller, ministre des Affaires étrangères, et de
M. de Mahy, vice-président de la Chambre des députés, et goûter
les travaux de MM. Camille Gauthier, de la Réveillère, Venden-
driesch, Rabot, Cotteau, Coudreau, Foncin, Mager, Ney,
Gaillardon, G. Richard, Pector, Levasseur, de Foucauld, Thouar,
Paroisse, Ch. Lemire, Turquan, Moriceau, Chaffard, du Paty
du Clam, Daireaux, Claudio Janet, Labonne, de Brettes, J.
Renaud, d'Albéca, Lourdelet, Radiguet, Laîné, Halais, Saladin,
E. Blanc, Colin, Pigeonneau, Philebert, Künckel d'Herculais,
Balansa, Pellerin, Frandin, Boulangier, Labordery, Delavaud,
Taupin, Pavie, Masqueray, Catat, Foucart, Maistre, de Boucher-
ville, Binger, Rameau, de Marajo, Raboisson, Meyners d'Estrey,
Castonnet des Fosses, de Laboulaye, de Begoën, Guilbeau,
Isaac, Rivière, Donnat, Guerlain, Soller, Pobeguin, Cravoisier,
Charnay, et bien d'autres hommes distingués dont je suis tenu
de respecter l'anonyme. De tels noms disent suffisamment la
variété des sujets traités, et la Société doit être fière d'une
pareille collaboration, consécration de ses principes, de ses
idées.

Les prix que la Société offre à l'École supérieure de commerce
et aux Écoles supérieures de garçons et de filles de la ville de
Paris sont de plus en plus recherchés. Un de nos collègues,
M. Filon, directeur de l'École Lavoisier, a même trouvé bon de
faire faire, pour celui destiné à cet établissement, une composition spéciale.

L'exemple sera peut-être suivi, et ces prix n'en exerceront
qu'une action plus utile sur les jeunes gens qui savent fort bien
nous remercier des très beaux ouvrages qui leur causent une
grande satisfaction et dont ils sont fiers.

Vous savez que, grâce à la bienveillance de la Compagnie des
chemins de fer Paris-Lyon-Méditerranée, sollicitée par la section
de l'Afrique du Nord et son président d'honneur M. Bourlier,
député, nos collègues se rendant dans nos possessions ou pro-
tectorats méditerranéens pour des causes de nature à contribuer
au développement de ces contrées, peuvent obtenir un bon de

9

déclassement facilitant leur voyage. J'ai la satisfaction de vous dire que le nombre des membres de la Société auxquels la Société a pu ainsi être utile augmente sensiblement à l'avantage de la colonisation française. En augmentation aussi est le chiffre des ouvrages reçus par notre bibliothèque, qui comprend maintenant plus de 4,500 numéros ; en augmentation le chiffre des livres prêtés et des visites (700 environ) faites à la Bibliothèque, que notre excellent bibliothécaire-adjoint, M. Gaudy, contribue si bien à tenir en ordre ; en augmentation (plus de 200) le nombre des numéros de notre musée ; en augmentation, enfin, chose essentielle, en dépit des vides faits par la mort, les démissions et les radiations, le nombre de nos nouveaux collègues, qui s'est élevé à 170 environ du 1er octobre 1888 au 1er octobre 1889. Ce sont là des faits que le Congrès apprendra avec satisfaction.

Ce qui, toutefois, au mécontentement peut-être de plus d'un membre de la Société, n'a pas augmenté dans l'année écoulée, c'est le nombre des numéros de notre Bulletin. Je dois faire appel à votre indulgence sur ce point et vous présenter mes excuses.

Le surcroît de travail causé par l'Exposition et les Congrès a été tel pour moi, la fatigue qui a suivi ce travail si grande, que je n'ai pu réaliser mes bonnes intentions et augmenter le nombre des fascicules. Il en a déjà été publié trois qui contiennent à eux seuls la valeur de deux volumes in-8o ; le quatrième et dernier, qui aura bien 15 feuilles d'impression, ne tardera pas à paraître. Vous n'aurez rien perdu pour attendre. Je tâcherai cette année, si les travailleurs auxquels je fais appel veulent bien me donner leur concours et si votre commission des finances s'y prête, de rendre notre publication mensuelle. Ce ne sera pas de trop, étant donné que le nombre des travaux, documents, lettres que reçoit la Société est considérable et que, chose remarquable, ils contiennent tous des passages que nous nous devons à nous-mêmes d'imprimer, ne fût-ce que pour ne pas diminuer l'intérêt de notre publication et ne pas la déparer.

C'est, en effet, un hasard de ne point trouver dans le Bulletin, arrivé à son douzième volume, des renseignements sur un pays ou une question qui intéresse. J'en ai fait plusieurs fois l'épreuve, et nos collègues pourront la faire comme moi s'ils prennent la peine de parcourir la table de nos dix premières années que M. Gustave Berge a bien voulu dresser et qui figure à l'Exposition.

Un autre desideratum, exprimé celui-là par notre commission des finances, doit encore être signalé ici pour que nos collègues s'efforcent d'y donner satisfaction. Le nombre des membres fondateurs de la Société s'accroît rapidement, et cela à notre joie, car si nous n'avons plus, après un versement de 200 francs effectué, à encaisser de cotisations du membre fondateur, nous recevons en réalité de lui une preuve de confiance dans la durée de notre compagnie. Mais la prospérité financière de celle-ci dépend surtout du nombre de nos membres titulaires — et il s'est accru cette année de plus de 170 membres — de l'exactitude mise à payer les cotisations. Or un certain nombre d'entre eux, soit parce qu'ils habitent des contrées d'où il est difficile d'avoir de petites valeurs sur Paris, soit par simple négligence, sont en retard dans leurs payements. Par suite, une grosse somme nous manque qui nous est nécessaire, autant pour les besoins du jour que pour nous mettre en règle avec nous-même et augmenter notre capital. Plus les intérêts de notre capital seront grands, et plus nous pourrons être et nous serons utiles au pays. Ce capital dépasse déjà 18,000 francs, et l'année dernière notre commission des finances l'a accru de plus de 1,700 francs par l'emploi de nos fondations. Faisons notre possible pour l'augmenter, et au besoin montrons-nous généreux.

Il est tant de moyens, d'ailleurs, de servir la cause que nous soutenons et que nous avons contribué et contribuerons toujours à populariser, celle de la vulgarisation des connaissances géographiques et de l'application de ces connaissances au commerce et à l'industrie !

A ce propos, vous me reprocheriez de ne pas vous faire con-

naître ce qui est advenu du concours ouvert pour un manuel de
géographie commerciale. Un industriel des plus actifs et des plus
honorables, vous vous en souvenez, a mis à notre disposition
2,000 francs destinés à récompenser le meilleur travail envoyé
au concours. Le jury spécial n'a pas jugé à propos de décerner le
prix.

Loin de se décourager, notre collègue nous a remis 500 francs
destinés à l'auteur du meilleur des travaux non jugés dignes du
prix et a désiré que le terme du concours fût prorogé jusqu'au
31 décembre 1890. Il croit au succès; il croit surtout à l'utilité
du *Manuel* qu'il voudrait voir rédiger. C'est déjà un gage de
réussite. Engagez donc les travailleurs à venir se présenter au
concours, et puissions-nous avoir à féliciter notre collègue de sa
généreuse pensée et de son intelligente initiative. En attendant,
remercions-le de travailler ainsi au bien public.

Ce serait encore travailler au bien public que de contribuer à
augmenter le fonds des voyages que nous avons commencé à
créer, et sur lequel ont déjà été prélevés trois fois des fonds
pour achat d'instruments destinés à des explorateurs.

Un pareil fonds doit permettre de soutenir pécuniairement, au
départ, les hommes à qui, plus tard, nous aurons peut-être à
décerner des prix. Peut-il y avoir meilleure occasion de favoriser
nos idées, d'encourager nos études ? Je ne le crois pas : aussi
vous demandé-je hardiment votre appui pour une œuvre que vous
jugerez, je l'espère, fort utile. Ce que vous ne pourriez faire
vous-mêmes, demandez à d'autres, à vos amis, à vos confrères
de le faire. Votre parole, pour cette œuvre, deviendra persuasive,
éloquente. Vous ferez œuvre utile, et notre Société comptera des
bienfaiteurs de plus.

Deux mots pour finir ce résumé rapide. Vous avez vu, par
quelques détails donnés plus haut, que notre Société devient de
plus en plus un centre où les hommes d'étude se rencontrent avec
les hommes pratiques, le savant avec l'étudiant, le grand industriel et le grand négociant avec le petit commerçant. Ceux des
membres de nos Chambres qui font passer les questions prati-

ques avant la politique étaient en petit nombre, voici qu'ils augmentent sensiblement, sachant que quiconque est dévoué à l'intérêt public a sa place parmi nous.

Nous citerons parmi les députés dont la sympathie, la bienveillance ou la collaboration nous sont acquises, M. de Mahy, vice-président de la Chambre, M. Spuller, ministre des Affaires étrangères, M. Yves Guyot, ministre des Travaux publics, M. Rouvier, ministre des Finances, et MM. Lockroy, Viette, Francis Charmes, Georges Berger, Le Myre de Villers, de Lanessan, Jules Siegfried, Paul Deschanel, François Deloncle, de Villeneuve, l'amiral Vallon, Desmons, Bourlier et Jacques. C'est un honneur et un bonheur pour notre Société de pouvoir compter sur le concours d'hommes qui peuvent être si utiles aux intérêts que nous nous sommes chargés de défendre. Cela justifie nos espérances et autorise nos ambitions. Ne sommes-nous pas du reste heureusement guidés par notre si digne, si estimé et si aimé président M. Meurand ? Je suis sûr qu'il me saura peu de gré de le dire ici même, en séance publique, tant sa modestie est grande, mais cette estime vient de se manifester d'une façon éclatante, et son grand mérite a été à nouveau reconnu. M. Meurand a été nommé grand-officier de la Légion d'Honneur au mois de juillet dernier. Vous vous sentirez certainement heureux et fiers de ce fait que je suis heureux de rappeler, vous donnant ainsi l'occasion de témoigner à nouveau à notre cher Président la respectueuse affection que vous lui portez, en le félicitant de la distinction nouvelle qui est venue le trouver.

Le Secrétaire général, A. GAUTHIOT.

Société de Géographie commerciale de Saint-Nazaire.

Voici l'état de nos travaux pendant l'année 1889 :

Appelés par M. le Ministre de l'Instruction publique à participer à l'Exposition Universelle du centenaire de la Révolution, nous avons figuré dans deux classes distinctes, et la carte des atterrages de la Loire de M. Jehan ainsi que notre Bulletin depuis la fondation de la Société ont figuré très honorablement à côté d'autres travaux similaires et ont obtenu une mention honorable.

Je ne vous parlerai pas longuement du Congrès international de Géographie auquel j'ai représenté officiellement la Société de Saint-Nazaire. Le Congrès étant divisé en plusieurs groupes, j'ai plus particulièrement participé aux travaux du groupe économique, et vous avez pu lire dans notre Bulletin les vœux importants qui ont été émis après les plus sérieuses discussions.

Du reste, les travaux du Congrès seront prochainement publiés en entier par la Société de Géographie de Paris, et les trois volumes, aussitôt qu'ils m'auront été adressés, seront mis à la disposition des membres de notre Société.

Tout cela constitue notre vie en dehors ; en ce qui regarde nos travaux intérieurs, nous avons eu, comme les années précédentes, plusieurs conférences très intéressantes et qui ont été suivies aussi assidûment que leurs devancières. M. Castonnet des Fosses, membre honoraire de notre Société et président de section à la Société de Géographie commerciale de Paris, a bien voulu venir nous parler du Tonkin et de son avenir commercial et industriel. Après nous avoir rappelé brièvement dans quelles conditions nous étions allés dans ce pays d'extrême orient, M. Castonnet des Fosses a successivement passé en revue toutes les richesses agricoles, industrielles et commerciales qu'il est possible d'exploiter ; et, sans nous cacher toutes les difficultés que présente la colonisation de cette contrée lointaine, a essayé de nous faire partager sa foi dans l'avenir de ce beau pays. — Avec M. Paroisse nous sommes revenus en Afrique, que MM. Richard et Soller nous avaient déjà fait connaître.

Il s'agissait cette fois de nos possessions sur la Côte d'Ivoire, Grand-Bassam et Assinie. L'élégant conférencier a su nous captiver par des détails de mœurs assez naturalistes et nous a montré tout l'intérêt qu'il y avait pour nous à développer ces établissements commerciaux.

Enfin cette même année nous avons eu le plaisir d'entendre

M. Benoit-Lévy, avocat à la Cour d'appel de Paris, sur la Tunisie, son organisation actuelle et son avenir. Le souvenir de cette conférence est encore trop récent pour que je m'étende longuement sur ce sujet.

Vous parlerai-je maintenant d'une question qui nous intéresse tous et que la Chambre de Commerce a heureusement pu mener à bonne fin, je veux dire le Musée Commercial. Une construction a été élevée qui doit renfermer en même temps les principaux services de la Chambre de Commerce et notre Musée. Je sais bien que quelques esprits chagrins doutent de la réussite de notre œuvre — cependant, qu'il me soit permis de dire que ce n'est pas au moment où les nations étrangères organisent des Musées commerciaux et des bureaux de renseignements, pour répandre, surtout dans les colonies, les produits indigènes, qu'il faut abandonner la partie et se déclarer vaincus sans avoir même essayé de lutter.

Mais j'espère que nous saurons mener à bonne fin l'organisation définitive d'un Musée appelé à rendre de réels services.

Du reste, M. le Sous-Secrétaire d'État des Colonies vient tout récemment de nous faire un don de 195 échantillons divers qui nous parviendront prochainement.

En somme, nous avons honorablement vécu, et nous pourrons continuer la publication de notre Bulletin et faire entendre, l'hiver prochain, les vaillants voyageurs qui parcourent les diverses parties du monde pour y porter la connaissance du nom français tout en ouvrant de nouveaux débouchés à notre activité commerciale.

Société de Géographie de Lille.

La Société de Géographie de Lille va célébrer, le 8 juin prochain, le dixième anniversaire de sa fondation.

Depuis dix ans, elle voit sa prospérité croître de jour en jour.

En comptant ses deux sections de Roubaix et de Tourcoing elle dépasse le total de 1,500 membres.

Elle publie un Bulletin mensuel de 64 pages au minimum où les sociétaires trouvent le compte rendu des conférences, les communications faites aux assemblées générales et aussi des nouvelles de géographie pure, avec un chapitre spécial de nouvelles pour la géographie économique et commerciale.

Elle possède un outillage complet et perfectionné pour projections, ne dépendant ainsi de personne. Elle a ses photographes attitrés qui prennent pour elle le portrait des explorateurs, inséré ensuite au Bulletin, elle a son cartographe qui lui dessine d'énormes cartes, visibles de tous les points de la salle pour chaque conférence.

Ces conférences sont d'ailleurs extrêmement nombreuses. Nous n'en comptons pas moins de 18 pour l'année 1889 et 13 pour le premier semestre 1890. Jamais nous n'avons trouvé telle affluence d'un public qui ne se lasse point.

Nous avons entendu les deux grands explorateurs africains Binger et Trivier : ils ont bien voulu accepter le titre de membres d'honneur de notre Société.

Un prélat canadien, Mgr Labelle, est venu nous parler de son pays.

En dehors de ces grands noms, nous tenons à honneur de nous suffire avec des éléments régionaux, et nous y réussissons pleinement.

C'est, par exemple, M. Fougère, jeune et remarquable professeur à la Faculté de Lille, qui nous raconte un jour son voyage et sa mission archéologique en Asie Mineure ; une autre fois l'abbé Pillet, professeur à la Faculté catholique de Lille, nous expose son voyage à Jérusalem : je me borne à ces deux exemples pour montrer que la géographie est un terrain neutre où se rencontrent dans un même esprit de confraternité des hommes appartenant aux camps les plus opposés.

. Nos sections de Roubaix et Tourcoing ont chacune 9 conférences pour l'année 1889. Roubaix a eu encore 6 conférences en 1890 et Tourcoing 5. Parmi les conférenciers, on relève les noms du Père Clerbeau, missionnaire, qui a passé quinze ans de sa vie en Mongolie, celui du Dr Labonne, etc.

Détail typique : le dimanche 24 novembre 1889, notre salle des fêtes contenait plus de 1,000 auditeurs accourus pour applaudir notre ami Guillot parlant du pèlerinage de la Mecque. A la même heure, la section de Tourcoing au grand complet applaudissait M. Napoléon Ney, qui, la veille au soir, avait récolté une ample moisson de bravos à Roubaix. En moins de vingt-quatre heures, notre Société a procuré à plus de 2,000 auditeurs le plaisir d'entendre de remarquables conférenciers.

Notre pays est trop plat pour se prêter à la création d'un club Alpin.... fût-il de Tarascon ! Cela n'empêche pas la Société de Géographie d'organiser des excursions très suivies pendant la belle saison. Il y en a eu neuf l'année dernière : une jusqu'à Liège, une autre jusqu'au mont Saint-Michel. Le succès donne de l'audace. Il y a deux jours, une troupe d'excursionnistes, membres de notre Société, nous envoyaient une dépêche de Buda-Pesth, et nous avons à l'étude une excursion en Suisse.

Chaque année, nous organisons un concours entre élèves de l'enseignement primaire et de l'enseignement secondaire. Ce qu'est l'importance de ce concours et des prix décernés, c'est ce que vous montrera le programme ci-joint.

Notre médaille est à nous, le coin en est déposé à la monnaie de Paris.

J'ai réservé pour la fin notre exposition de 1889.

Plusieurs d'entre vous ont sans doute remarqué au palais des Arts libéraux la grande carte d'Afrique dressée par notre confrère, M. Eeckman. On pouvait voir aussi un spécimen de nos cartes de conférences, l'historique de la Société, reconstitué jour par jour et avec une patience de bénédictin par M. Eeckman, enfin la collection de notre Bulletin.

La médaille de bronze que nous a accordée le jury nous a paru un encouragement.

Faire bien, telle est notre devise; faire mieux encore, telle sera notre ambition, et nous espérons que vous viendrez le constater par vous-même, si le Congrès se réunit à Lille en 1892, anniversaire de l'héroïque défense de notre vieille Cité.

Le Secrétaire général : A. MERCHIER.

Société de Géographie de Lille.

Prix et récompenses pour le Concours de 1890.

RÈGLEMENT DU CONCOURS.

DISPOSITIONS GÉNÉRALES. — Le Concours de 1890 aura lieu entre les élèves domiciliés dans l'arrondissement de Lille (enseignement public ou libre), et appartenant aux catégories désignées ci-après :

JEUNES GENS. — 1° *Enseignement secondaire.* — 1re Série. Au-dessus de 16 ans (au 30 juin 1890) : Programme du Cours de Saint-Cyr.

2° Série. Au-dessous de 16 ans (au 30 juin 1890) : France et Colonies françaises.

2° *Enseignement primaire supérieur.* — 3e Série. Au-dessus de 15 ans (au 30 juin 1890) : Les cinq parties du Monde, moins l'Europe.

4e Série. Au-dessous de 15 ans (au 30 juin 1890) : Géographie physique, politique et économique de l'Europe, moins la France.

3° *Enseignement primaire élémentaire.* — 5e Série. Agés de 11 à 14 ans (au 30 juin 1890) : Région du Nord de la France : Nord, Pas-de-Calais, Somme, Aisne et Ardennes.

6e Série. Agés de 9 à 11 ans (au 30 juin 1890) : La France.

JEUNES FILLES. — 1° *Enseignement secondaire.* — 1re Série. Au-dessus de 16 ans (au 30 juin 1890) : Géographie économique des cinq parties du Monde.

2° Série. Au-dessous de 16 ans (au 30 juin 1890) : France et Colonies françaises.

2° *Enseignement primaire supérieur.* — 3e Série. Au-dessus

de 15 ans (au 30 juin 1890) : Les cinq parties du Monde, moins l'Europe.

4ᵉ Série. Au-dessous de 15 ans (au 30 juin 1890) : Géographie physique, politique et économique de l'Europe, moins la France.

3° *Enseignement primaire élémentaire.* — 5ᵉ Série. Agées de 11 à 14 ans (au 30 juin 1890) : Région du Nord de la France : Nord, Pas-de-Calais, Somme, Aisne et Ardennes.

6ᵉ Série. Agées de 9 à 11 ans (au 30 juin 1890) : La France.

Date du Concours. — La date du Concours est fixée au jeudi 3 juillet, à 8 heures du matin.

Le Concours aura lieu simultanément à Lille, au siège de la Société de Géographie, 29, rue des Jardins.

A Roubaix et à Tourcoing, dans les salles de l'hôtel de ville.

Les copies seront fournies par la Société.

Tout papier, quel qu'il soit, manuscrit ou imprimé, est formellement interdit pendant le Concours.

Demandes d'admission au Concours. — Les élèves désirant prendre part au Concours devront se faire inscrire, avant le 27 juin, à Lille, au siège de la Société, 29, rue des Jardins ;

A Roubaix, chez M. Henry Bossut, vice-président, Grande-Rue, 5, ou chez M. Leburgue-Comerre, secrétaire, rue de la Gare.

A Tourcoing, chez M. François Masurel père, vice-président, ou chez M. J. Petit-Leduc, secrétaire, rue des Poutrains, 42.

La demande d'inscription devra contenir :

1° L'extrait de naissance sur papier libre.

2° L'indication de l'établissement dont l'élève suit les cours, et, pour ceux recevant l'instruction dans leur famille, l'adresse de leurs parents.

3° La série dans laquelle l'élève désire concourir.

Toute demande d'inscription qui ne renfermerait pas ces renseignements sera considérée comme nulle et non avenue.

Les impétrants qui, par suite de déclarations fausses ou

incomplètes, seraient éliminés du concours, recevront avis de la décision prise à leur égard par le Comité d'études.

On peut s'inscrire par demande affranchie.

DISPOSITION SPÉCIALE AUX ANCIENS LAURÉATS DE LA SOCIÉTÉ. — Les lauréats des Concours précédents qui, se présentant en 1890 dans la même série, auraient mérité un nouveau prix recevront un diplôme. Ce diplôme remplacera et mentionnera la récompense accordée dans le précédent concours.

PRIX ET RÉCOMPENSES. — Les prix et récompenses consisteront en volumes, atlas, cartes, sphères, médailles, bourses de voyage, diplômes, etc.

1° Prix offerts par M. Paul Crepy.	300 fr.
2° Prix offerts par M. François Masurel père.	200
3° Prix offerts par M. Henry Bossut.	150

4° Prix offerts par M. Léonard Danel, à plusieurs jeunes gens lauréats, consistant en un voyage dans une des villes ou l'un des ports de la région du Nord. . . .   200

5° Une somme de 400 francs est offerte par la Société de Géographie de Lille, au nom de feu M. le marquis d'Audiffret, à l'auteur du meilleur mémoire traitant des débouchés à ouvrir ou à développer pour les productions industrielles du département du Nord.   400

Les Mémoires pour ce prix devront être remis avant le 1er décembre 1890, au nom de M. le Président de la Société de Géographie, 29, rue des Jardins, à Lille.

Le Rapporteur de la Commission,
Ed. VAN HENDE.

Le Secrétaire Général,
A. MERCHIER.

Lille, le 25 avril 1890.

Le Président de la Commission des Prix et Récompenses,
BRUNEL.

Le Président de la Société de Géographie,
Paul CREPY.

L'ordre du jour appelle ensuite la discussion de la question portée au programme: *De la création d'un Institut Géographique.*

Cette question est déjà ancienne : elle revient à tous les Congrès sans recevoir de solution pratique. M. Barbier, secrétaire général de la Société de Géographie de l'Est, a été chargé par le dernier Congrès de faire une enquête à cet égard. En son absence, il est bien difficile de la discuter utilement. M. Denis Guillot propose en conséquence de proroger l'enquête. Et, après une discussion à laquelle prennent part MM. le colonel Fulcrand, Echalier, Guénot, Deloncle, Hérisson, commandant Berthaut, Descubes, la question est en effet renvoyée à un Congrès ultérieur.

Vient ensuite la question du *meilleur système administratif et politique à appliquer à chacun de nos établissements d'outre-mer, suivant le climat, l'état social, politique et religieux des races qui habitent le pays, et suivant la nature de cet établissement, station militaire ou colonie d'exploration.*

Cette question, proposée par la Société bretonne de Géographie, avait déjà été longuement discutée au dernier Congrès, à Bourg, sans recevoir de solution définitive. Peut-être, en effet, n'est-elle pas susceptible d'en recevoir.

M. Deloncle, secrétaire général de la Société bretonne, lit à ce sujet un mémoire très étudié, et propose en conclusion une série de vœux qui sont adoptés, sauf la réserve faite par quelques membres, que l'adoption de ces vœux ne pouvait avoir qu'un caractère platonique, la solution de ces diverses questions ne relevant pas seulement de la science géographique, mais de la politique.

Voici ces vœux, en la forme où ils ont été adoptés :

La *Société bretonne de Géographie* : Considérant que, parmi toutes les colonies de la France, deux seulement demandent à devenir des départements français, tout en admettant toutefois un grand nombre d'exceptions dans l'application des lois métropolitaines, émet le vœu :

1° Que l'assimilation de la Martinique et de la Guadeloupe, si elle est jugée nécessaire, n'entraîne aucune charge pour le budget français, qui ne soit corrélative à une élévation des impôts existant dans ces deux colonies ;

Pour les autres colonies, la *Société bretonne*, considérant que la plus grande liberté doit être laissée aux pouvoirs locaux, seuls capables d'appliquer les lois administratives et financières convenables à leurs mœurs et à leurs besoins, sans compromettre les droits de souveraineté, émet le vœu :

1° Que les colonies de l'Océan Indien disposent de leurs ressources dans le sens le plus large, sauf *veto* suspensif métropolitain ;

2° Que l'Indo-Chine, réunie en un seul gouvernement, comprenne trois provinces ayant leurs budgets spéciaux, leur administration spéciale : Annam, Tonkin, Cochinchine.

3° Que, dans ces deux groupes de colonies, les dépenses obligatoires soient réduites proportionnellement aux subventions accordées ;

4° Que, dans les établissements de l'Afrique occidentale, comme à Madagascar, en Indo-Chine — partout où l'on se trouve en présence de populations capables de s'administrer elles-mêmes, la Métropole suive les principes et les règles du protectorat, tout en sauvegardant les intérêts de la France.

Toutefois, comme il est nécessaire que la Métropole possède sur certains points des arsenaux qui servent d'abri et de point de ravitaillement à ses flottes, la Société émet le vœu que :

1° Diego-Suarez et Obock deviennent des arsenaux militaires, administrés par l'autorité militaire et que, dans les différentes colonies, la Métropole fixe les points stratégiques qui devront être soumis à cette autorité.

Considérant, en outre, les mauvais résultats que l'application de la loi militaire dans les Indes a produits sur les indigènes de l'Inde française :

1° Émet le vœu que la loi militaire soit modifiée dans le sens le plus propre à nos intérêts dans ces régions.

Séance du soir, 2 h. 30.

Présidence de M. Denis Guillot, délégué de la Société de Géographie Commerciale du Havre, assisté comme assesseurs de MM. Deloncle et Bayle.

L'ordre du jour appelle la discussion d'une communication de

M. Ribes, médecin de la marine, sur le rôle des missions catholiques dans la colonisation.

Du rôle des Missions catholiques dans la colonisation.

Messieurs,

Parmi les plus beaux titres de gloire dont peut s'enorgueillir notre xixe siècle, celui qui touche de plus près les membres de cette réunion est sans contredit ce mouvement universel en Europe, qui pousse les nations supérieures à porter chez des peuples hier encore inconnus les progrès de la civilisation.

Que l'on soit guidé par un élan généreux vers ces pauvres déshérités, ou que l'on agisse seulement dans l'intérêt de la mère-patrie, je n'ai pas à m'en occuper ; le fait en lui-même est toujours digne d'intérêt.

Malheureusement, il ne suffit pas d'agir ; il faut encore obtenir des résultats pratiques , et il serait parfaitement inutile de faire des sacrifices d'argent et surtout d'envoyer mourir nos soldats dans les rizières ou les lagunes si l'on ne pouvait en retirer quelque profit.

Il faut pour cela s'attacher les populations que l'on soumet, ou tout au moins ne pas se les rendre hostiles ; il faut, en un mot, savoir « coloniser ».

Une chose que j'ai pu constater par moi-même sur la côte soit orientale, soit occidentale de l'Afrique, et que mes camarades de la marine ont remarquée dans toutes nos possessions coloniales, c'est le nombre des bienfaits que les Missions catholiques n'ont cessé de prodiguer à notre œuvre colonisatrice française.

Telle est la question que j'ai eu l'honneur d'exposer, bien imparfaitement d'ailleurs, au Congrès colonial de 1889, et que j'ai pu compléter depuis, soit d'après des documents nouveaux, soit et surtout d'après les travaux des membres de ce Congrès eux-mêmes.

Je ne parlerai pas ici, ou très peu, des colonies qui nous sont acquises depuis longtemps et qui ont déjà nos idées et nos mœurs modernes. Mais, depuis ces dernières années surtout, le mouvement civilisateur a emporté, vers l'Afrique et l'Indo-Chine, les principales nations européennes, et c'est de ces pays neufs qu'il est important de s'occuper.

Et d'abord jusqu'à quel point nos efforts peuvent-ils réussir ? Ici les avis sont partagés ; mais tous ceux qui ont vu de près la race noire sont d'accord sur ce point, que beaucoup de siècles passeront avant d'avoir comblé l'abîme qui existe entre elle et nous.

« Les facultés du noir, comme le dit très bien M. Borghero, ont plus de spontanéité et de vivacité, mais se prêtent moins à l'application, à un exercice continu » Ainsi le noir apprendra plus facilement à faire une opération d'arithmétique que le blanc, mais il ne saura pas l'appliquer.

« Il a, dit M. Bouché, plus d'intuition et moins de réflexion, quant à l'intelligence ; pour la volonté, il a plus de spontanéité que de constance. »

Ces considérations peuvent s'appliquer, sauf de légères modifications à la généralité de nos populations coloniales ; qu'il s'agisse d'un M'Pongwey, d'un Malgache, d'un Annamite ou d'un Kanaque, la question de couleur est secondaire ; et l'on pourrait dire que toutes ces populations ne forment qu'une seule race, au moins par les défauts qui leur sont communs.

Aussi il ne faut pas songer à les instruire, pour le moment du moins. Tous les membres de ma section du Congrès de 1889, appartenant pour la plupart à l'Instruction publique coloniale ou à la marine, ont été d'accord sur ce point.

« Dès qu'ils savent lire, a dit M. le D\u02b3 Ballay, au sujet des indigènes du Gabon, ils ne font plus rien ; ils se croient de grands hommes. » MM. Dumoutier, inspecteur de l'enseignement franco-annamite et Aymonier, directeur de l'École coloniale de Paris, pour l'Indo-Chine, ainsi que M. Masqueray, directeur de l'École supérieure des lettres d'Alger, pour la Kabylie, ont été du même avis.

Tous ont été d'accord pour donner plutôt aux enfants une instruction professionnelle, un métier : « ne pas se perdre dans la grammaire, faire des ateliers dans lesquels on puisse travailler le bois, le fer, etc...»

De plus, toutes nos populations coloniales auraient besoin qu'on développât chez elles l'instruction religieuse. C'est par la persuasion et non par la violence qu'il faut les amener à nous. Tout en essayant d'élever peu à peu le nègre jusqu'à nous par l'instruction et l'industrie, il faut encore nous attirer sa confiance.

« Nous ne faisons presque rien à ce sujet au Congo, nous a dit M. le lieutenant général Wauwermans ; nous ne cherchons pas à développer l'instruction religieuse, et pourtant il faut cela, il faut amener les indigènes par la persuasion, par les bons exemples.»

« Les peuples très religieux (de la Kabylie), nous a-t-on dit, qui entrent dans une société laïque peuvent devenir dangereux si nous ne mettons rien de moral dans cette instruction laïque. Rien de plus terrible que ces néo-civilisés qui prennent tous nos défauts. Il faut donc un agent moral, pas un prêtre, mais presque cela. »

Telles sont les considérations nécessaires pour mener à bien cette œuvre si difficile de la colonisation.

Sans être exclusif et sans enlever à d'autres l'honneur de cette tâche, je crois que jusqu'ici les missionnaires ont réussi à obtenir par ces moyens les meilleurs résultats, ce que beaucoup d'autres n'ont pu faire en suivant une route différente.

De nombreux témoignages suffiront à le prouver. Je ferai ensuite un exposé des méthodes qu'ils emploient pour attirer les indigènes, les évangéliser, les instruire. Je passerai en revue leurs principaux établissements dans nos colonies, entre autres celui de Libreville, que j'ai pu visiter en détail, et je terminerai par un parallèle entre les moyens d'action dont disposent les missionnaires catholiques français et les missionnaires protestants anglais.

Et d'abord laissez-moi constater que dans nos colonies le mot catholique est synonyme de Français. Nous l'avons vu à nos dépens à Madagascar, où chacun, si je puis dire, « prêchant pour sa paroisse », les pasteurs anglais protestants, patriotes à leur point de vue, nous ont fait le plus grand tort.

J'ai entendu cette phrase à propos des Annamites : «Les missionnaires en font des chrétiens ; nous en faisons des Français.» Cette opinion est trop exagérée et je n'ai qu'à rappeler les paroles prononcées par M. le capitaine de vaisseau Cavelier de Cuverville, commandant la station navale de l'Atlantique, paroles prononcées à la Société de Géographie de Paris (20 mai 1887); « Partout où les vaillants pionniers de la civilisation chrétienne plantent leur croix, ils font aimer la France, parce que le patriotisme est inséparable de leur foi ! »

Ce reproche aux missionnaires de faire des catholiques plutôt que des Français a été fait au sujet d'un mémoire que j'ai publié sur eux dans les *Annales économiques*. Le *Moniteur des colonies* a consacré à mon travail un article qui aurait été intéressant si l'on ne s'était mépris sur ce que je voulais dire.

« Nous ne prétendons pas, dit-il, que les missionnaires n'aient jamais servi l'idée française. Nous leur devons même des colonies. C'est entendu !

» Mais, ce que nous pouvons affirmer, c'est qu'en travaillant pour la France, les missionnaires n'ont jamais songé qu'à la *fille aînée de l'Église*.

» Qu'on ne l'oublie pas, avant d'être Français, ils sont catholiques, et s'ils prennent un mot d'ordre quelque part, c'est à Rome.

» C'est pour sauvegarder les intérêts de la Très Sainte Église, que Français ils ont consenti à prêcher en allemand à Bagamoyo, à enseigner la langue allemande à leurs élèves. »

Il est bon pourtant de s'entendre ; dans des questions géographiques, mon intention n'est pas de parler de choses religieuses. Mais, s'il est évident (et j'essayerai de le prouver) que les missionnaires sont nos plus grands auxiliaires, peu importe cette question de religion, même pour l'athée le plus endurci. Quant à la question de nationalité, il est probable que, si les missionnaires ont prêché en allemand à Bagamoyo, c'est qu'on les y a forcés, ils ont fait tout comme les missionnaires américains, protestants, de Libreville, qu'on a contraints, étant dans une colonie française, à donner leur enseignement non pas en anglais mais en français.

Ceci est encore une preuve de ce que j'avance, que chacun prêche pour son pays.

Le même journal va jusqu'à dire ceci : «Que si les missionnaires font des chrétiens, il sont par cela même un obstacle à l'assimilation rapide et sans révolte des indigènes... Un peuple tient à sa religion plus qu'à toute autre chose. Qu'on le réduise en esclavage, qu'on le batte, qu'on le pille, etc., il acceptera tout cela ; mais qu'on touche à ses vieilles croyances, il sent la honte et l'infamie du joug qu'il acceptait, il se révolte.»

Mais précisément non ; cent fois non. La race noire, sauf peut-être dans le Soudan, mais en tout cas au Gabon, en Guinée, à Madagascar, etc., et la race jaune en Cochinchine et au Tonkin, ne tiennent pas tant que cela à leurs religions. Si nos missionnaires dans ces pays, dans le dernier surtout, se heurtent à de grands obstacles, cela vient de ce que les marabouts, griots, ogangas ou mandarins qui exploitent les indigènes voient leur influence menacée. Et puis vraiment on ne peut empêcher les missionnaires, puisqu'ils sont prêtres, d'essayer de convertir leurs catéchumènes. Que par un moyen ou un autre ils répandent notre influence, c'est tout ce qu'on peut leur demander ; le reste ne nous regarde pas.

Les services qu'ils rendent à la colonisation ne sont plus à démontrer. Sans doute ils ne vont pas dans le pays pour s'occuper exclusivement de sciences profanes ni pour composer des livres curieux sur des contrées inconnues ; j'ajouterai même que le plus souvent une raison de simple modestie les empêche d'attirer sur eux l'attention. J'ai parcouru quelquefois le *Journal des Missions*, qui s'imprime à Lyon, et j'y ai trouvé des aperçus bien plus justes et des descriptions plus exactes que dans beaucoup de géographies. Leur nombre est tellement inférieur à celui qui est nécessaire qu'ils se voient presque tout le temps absorbés, soit

par l'enseignement, soit par l'agriculture, soit par les exercices
du culte. Cependant les témoignages publics de satisfaction des
Sociétés scientifiques ne leur font pas défaut et, pour ne parler
que de notre pays, la Société de Géographie a récompensé, il y
a quelques années, de médailles d'or et d'argent les découvertes faites par des missionnaires : M. Desgodins, le P. Petitot,
et d'autres.

Les témoignages ne manquent pas. Je citerai d'abord ceux que
j'ai recueillis dans la première section du Congrès colonial, qui
s'occupait du développement de l'instruction dans ces pays.

« Les inspections ont montré d'excellents résultats au Gabon,
a dit le Dr Ballay, il est de notre intérêt de continuer dans cette
voie. Ceci, bien entendu, à propos de la Mission catholique. »

— « Les missionnaires nous sont fort utiles en Indo-Chine,
a dit un autre. Pourquoi ne suivons-nous pas leur exemple ? »

— « Ils sont pour nous d'actifs agents de propagande, a dit
M. Aymonier à propos de la Cochinchine », et, plus loin, « le
recrutement de nos écoles ne s'opérait pas dans certaines régions
parce que les livres étaient simplement d'instruction ; on n'avait
pas de livres de morale où l'on pût apprendre les devoirs envers
les parents, les supérieurs, etc.; nos écoles sont inférieures à
celles des Pères parce qu'elles ne donnent pas au même degré
l'« éducation du cœur ». Qu'on me permette de citer *in extenso*
quelques considérations tirées d'un ouvrage présenté au Congrès
par cet éminent professeur.

« Une troisième erreur, de beaucoup la plus grave, a été
d'oublier, en Indo-Chine, les grandes traditions de politique française, de la Convention aussi bien que de Louis XIV, et d'in-
firmer la parole de Gambetta disant que la guerre au cléricalisme
n'était pas un article d'exportation.

» Les amiraux, anciens gouverneurs — et il faut toujours
revenir à ces hommes lorsqu'on veut parler de mesures à la fois
sages, honnêtes et patriotiques, — se transmettant une tradition
de haute politique, donnaient aux deux seuls évêchés de la

Cochinchine française une subvention annuelle qui s'est élevée jusqu'à la somme de 160,000 fr.

»Cette allocation fut brusquement et radicalement supprimée après le départ des amiraux.

» En même temps, il fallait laïciser, remplacer tous les congréganistes par des instituteurs appelés de France, qui coûtèrent infiniment plus cher. Ils dévorent presque inutilement la plus grande partie de ce gros budget de l'Instruction publique de la Cochinchine française. Par *goût personnel autant que par devoir*, il n'entre pas dans mon esprit de faire aucune allusion directe ou indirecte à ce qui existe en France, où les circonstances sont très différentes d'ailleurs, où nous sommes chez nous, en famille. Mais, à l'étranger ou dans des pays de récente conquête non assimilés, c'est une grave faute que de repousser le concours d'une catégorie quelconque de citoyens prêts à travailler pour le but patriotique commun.

» A ce propos, vidons en quelques mots cette question des missions. Par leur seule présence, les missionnaires et les chrétiens nous ont singulièrement facilité la prise de possession et la conservation de ces lointaines contrées. Le parti de la résistance nationale, plus clairvoyant que la plupart des Français, ne s'y est jamais trompé. En quelques années, je pourrais dire en quelques mois, d'après les ordres et les préparatifs de ce parti, plus de 50,000 chrétiens, de tout âge et de tout sexe, ont payé de leur vie les insignes maladresses de la conquête française.

» Les ignorants, les gens dépourvus de jugement, de sens critique, incapables de concevoir la loi qui proportionne à leurs causes les événements historiques, ont essayé de chercher divers motifs à ces grandes hécatombes. Le seul réel et digne, pour ainsi dire, de la sauvagerie de ces *vêpres* annamites, était puisé dans les nécessités de la défense nationale de l'Annam.

» De ce rôle de victimes, missionnaires et chrétiens ont été récompensés par de criants dénis de justice. Auprès de la cour de Hué, nous nous *excusons de l'appui* de ces auxiliaires. Nous les répudions même, au détriment de notre influence, de notre prestige. Car la meilleure politique vis-à-vis des orientaux est de mettre résolument en pratique le précepte : dur aux ennemis, doux aux amis. Voilà pour le passé.

» Quant à l'avenir, soyez persuadés que la France ne fondera dans ces pays rien de stable et de définitif sans l'aide de ces hommes trop souvent sacrifiés. A moins de songer à abandonner l'Indo-Chine, solution dont on peut défier n'importe quel gouvernement, il importe au premier chef d'*assurer en France* le recrutement annuel de 50 à 100 missionnaires. Ces religieux, qui, au lendemain des plus terribles désastres, recommencent leur travail de fourmi avec une persévérance et un esprit de suite que je souhaiterais de tout cœur aux gouvernants de notre patrie, ces prêtres, qui dirigent les consciences des hommes, des femmes et des enfants, seront, si nous le voulons, nos puissants auxiliaires dans cette tâche gigantesque et patriotique : l'imposition de notre langue nationale aux peuples de l'Indo-Chine.»

Les témoignages seraient innombrables si on les citait tous. J'en ai recueilli de fort anciens, qui sont tout à fait concluants ; ils viennent pour la plupart d'étrangers, je pourrais même dire de concurrents.

« Dans mon parcours à travers l'île de Ceylan, déclare le Grand Juge Alexandre Johnston, pas un seul catholique n'a été amené devant mon tribunal.»

«On ne saurait nier que les rapports des chrétiens orientaux avec l'Église catholique romaine ne tendent à les élever dans l'échelle de la civilisation. Les prêtres qui leur sont envoyés sont des hommes instruits et répandant parmi eux les connaissances et les mœurs européennes.» — Durbin, Observation in *The East*, vol. II, chap. XXXIV, 1869.

— « Je reconnais, avoue le Dr Wolf, que l'exemple des missionnaires papistes, pendant le choléra, a plus contribué que toute autre considération à me faire prolonger mon séjour au Caire. Les missionnaires luthériens s'enfermaient chez eux, comme je l'avais fait moi-même à Beyrouth, m'y étant trouvé avec ma femme et mon enfant en pareilles circonstances. » *Journal*, 1869.

— « Quand on considère le zèle, l'habileté et la persévérance des missionnaires, on n'est pas étonné de voir leurs travaux et leur abnégation couronnés de succès nombreux. » — G. Williams, *The Holy City*, vol. II, chap. VI.

— « Les établissements les plus remarquables que j'ai vus à Shang-Haï sont deux collèges de Jésuites, écrivait M. d'Ewes en 1858. » *China*, chap. VIII.

Dans un interview du capitaine Coquilhat, un des chefs de la colonisation du Congo, le *Journal de Bruxelles* lui a attribué ces paroles : « Je suis un peu mécréant, dit en souriant le capitaine, mais je ne pense pas qu'il y ait de puissance plus apte à la colonisation, en Afrique, que celle des missionnaires. Il faut les opposer à la marche envahissante de l'Islam. Là est le salut. »

Tous ces témoignages viennent d'étrangers. Celui-ci est le plus concluant. C'est le rapport publié sur les écoles de Gambie par l'inspecteur Metcalf Sunter, ancien ministre protestant. Les succès respectifs étaient classés par ordre de mérite au moyen de points. Dans ce rapport, les écoles catholiques ont obtenu quatre-vingt-deux points, les wesleyennes soixante-trois et les anglicanes quarante-quatre.

En février 1890, le *Tour du Monde* publiait une relation du Dr Hocquard, médecin major de 1re classe, intitulée : *Trente mois au Tonkin*.

— « Les indigènes, y est-il dit, sont extrêmement dévoués aux missionnaires. Il en résulte que ces derniers disposent au Tonkin d'une force considérable et d'une influence dont nous avons intérêt à tenir compte. Les dominicains espagnols établis au nord de notre colonie n'ont pas toujours très bien servi notre cause ; mais les Pères des Missions étrangères (Français) se sont constamment montrés d'excellents patriotes et de bons Français; jamais ils n'ont refusé à nos généraux l'aide de leurs conseils et de leur connaissance du pays ; dans différentes occasions, leurs émissaires nous ont fourni sur les agissements de nos concmis des renseignements précieux qu'il nous eût été impossible d'obtenir autrement. » Et plus loin, à propos de Mgr Puginier, décoré sur la proposition du général Millot : « Jamais croix n'a été mieux portée ni mieux méritée. »

Et puis, au sujet des cartes et plans faits par les missionnaires de Ke-So : « Je connaissais d'ailleurs ces travaux. Au début de la campagne, nos généraux les ont utilisés pour rectifier certaines de leurs cartes dressées d'après les renseignements fournis par les Annamites et qui contenaient de graves erreurs. »

Quelle est donc la voie que suivent les missionnaires pour obtenir ces résultats ? C'est ce que nous allons étudier ; puis nous donnerons un léger aperçu sur l'ensemble de leur œuvre.

Rien n'indique mieux la marche d'une mission que la fondation d'un établissement dans n'importe quel pays.

— « Chez les tribus sauvages qui occupent la frontière du royaume de l'Annam, dit le P. Combes, je réunis une soixantaine d'hommes, esclaves libérés et orphelins. Approvisionnés de semences, munis de haches, d'instruments agricoles, d'animaux domestiques, nous fondâmes un petit village. Après la messe, je réunissais toute la population, j'enseignais quelques arts et quelques métiers, je faisais un peu d'école. Au bout d'un an, j'avais près de cent élèves.»

On le voit, avec des ressources nulles, un pays est vite entré par leur intermédiaire dans la voie de la colonisation.

Quelle plus belle preuve que cette mission du Gabon, que j'ai pu apprécier par moi-même à Libreville !

Il y a quarante-cinq ans environ, un missionnaire vint aborder à gauche de l'estuaire : « C'était d'abord une petite case de bambous, et à côté un drapeau tricolore gardé par quelques hommes. Bientôt autour de cette case vinrent s'en grouper d'autres, et malheureusement aussi des tombes. Quelques Pères s'ajoutaient aux autres, revenaient un moment demander à la France le bon air du pays natal pour refaire leurs forces, puis s'en allaient de nouveau reprendre leur part du grand travail, et l'œuvre se développait sous la puissante impulsion de Mgr de

Bossieux. » Celui-ci, comme son successeur, Mgr Leberre, que j'ai eu l'honneur de voir à Libreville, et qui depuis quarante ans évangélise les peuplades de ces régions, s'astreignait aux mêmes exercices que le plus humble de ses serviteurs. Prenant la pioche et la bêche, il travaillait lui-même aux cultures. C'est peut-être cet exercice journalier qui confère aux missionnaires certaines immunités pathologiques, que n'ont pas nos soldats, se laissant aller au farniente de la vie des pays chauds.

On planta les longues allées de cocotiers que j'ai pu admirer à ma droite à la Mission. On brisa les pierres calcaires du rivage, on fit construire un four à chaux. Une jolie chapelle, que l'on est étonné de trouver dans ces parages, fut élevée. Peu à peu, la Mission s'entoura de vastes bâtiments en pierres, servant à loger le nombreux personnel d'élèves et d'apprentis qui reçoivent toutes sortes d'enseignements.

Depuis lors, les quarante-cinq années de labeurs et de souffrances qui se sont écoulées ne sont pas restées stériles. Les peuples qui jamais auparavant n'avaient été en contact avec un Européen abandonnent peu à peu leurs coutumes pour adopter presque nos mœurs et jusqu'à notre langage. C'est que les élèves des Pères, une fois hommes, dotés d'une profession et d'une certaine connaissance de notre langue, reviennent chez eux, où ils apportent l'influence de la France ; l'éducation qu'ils ont reçue en fait les auxiliaires les plus utiles de la colonie. Ce que font à Libreville les missionnaires, leurs confrères l'accomplissent au Bénoué, sur le Niger, à Bénito, au cap Esterios, à Donghila, à Lambaréné, etc.

Quatorze sœurs de l'Immaculée Conception de Castres, dont la supérieure, la mère Louise, portait alors vaillamment ses 70 ans et ses trente-neuf années d'apostolat sur la terre d'Afrique, se dévouent à l'éducation de 120 jeunes filles qui apprennent chez elles les métiers et les connaissances qui pourront plus tard leur être utiles dans la vie domestique.

Entrez dans la Mission. « Dès les premières heures du jour vous verrez un joyeux petit peuple circuler dans toutes les direc-

tions. Ici ce sont les apprentis menuisiers, forgerons, ferblan-
tiers, tailleurs, maçons, cordonniers, etc..... qui se rendent aux
ateliers. D'autres prennent la direction du jardin ou des fabriques d'huile de palme, chacun à son poste, tous travaillent, et
tout le monde est content. D'un autre côté, les élèves sont à
l'étude ou se rendent à la salle de musique, où ils se font remar-
quer par leurs aptitudes spéciales ».

Mgr Leberre, qui nous fit visiter le jardin de la Mission et les
fabriques d'huile de palme, nous émerveilla par les résultats
inespérés qu'il avait pu obtenir ; les arbres fruitiers d'Europe,
entre autres les pêchers, qui sont absolument inconnus au Gabon,
étaient représentés par quelques spécimens. Les palmiers à
huile y étaient très abondants, et c'est de la fabrication de ce
dernier produit que la Mission tire une partie de ses revenus.

Interrogez un élève. Bien entendu, il ne faut pas lui demander
quoi que ce soit de latin, d'algèbre, de géométrie. Mais ouvrez
un livre, le premier venu, et vous trouverez la plupart qui
liront couramment. Dictez quelques phrases usuelles, et vous
recevrez une copie assez bien écrite, sans fautes d'orthographe.
Vous pouvez même leur demander quelques opérations d'arithmétique, des divisions, et vous serez étonnés de la rapidité avec
laquelle ils vous donneront le résultat. Le chant, la musique,
sont deux choses dans lesquelles ils excellent.

A mon arrivée à Tamatave, à l'époque de l'occupation de
Madagascar, nous avons été fort étonnés d'entendre, le jour de
la Noël, une maîtrise très bien organisée. Après la première
impression causée par la rudesse de l'accent malgache, vous
vous seriez sentis émus et attendris en reconnaissant des airs et
des paroles que vous avez mille fois entendus en France.

Dans la Mission des petites îles malgaches, chaque jour,
matin et soir, en outre des heures d'étude, il y a un peu de
temps consacré aux travaux manuels ; ce qui est particulier,
c'est qu'une journée entière par semaine est employée à des
excursions aux environs, dans les plantations de la Mission ; on
passe la journée à sarcler le manioc, à cultiver le riz, etc... Ce

travail est une vraie récréation, surtout quand les élèves songent qu'ils rentreront à l'établissement chargés de cannes à sucre ou de fruits dont ils pourront disposer à leur gré.

Tous ces résultats magnifiques viennent d'une seule chose, c'est que les missionnaires tâchent de se suffire à eux-mêmes. On conçoit quelle extension pourrait prendre leur œuvre si, en outre de leurs moyens personnels, ils avaient quelques crédits.

Ils arrivent à produire eux-mêmes, directement, tout ce qui leur est nécessaire, soit pour la nourriture, soit pour l'entretien. Ils divisent les travaux et les terres de telle façon que la communauté puisse être assurée d'y trouver tout ce qu'il lui faut en céréales, légumes, pâturages pour les bestiaux, élevages d'animaux domestiques, etc... Chaque missionnaire s'applique lui-même aux travaux manuels les plus usuels qu'il sera amené, quand il sera seul dans un poste, à apprendre à ses élèves. A part cela, chacun a sa spécialité.

On voit aisément que ce genre d'exploitation, outre les résultats favorables aux ressources de la mission, est en même temps un excellent genre d'enseignement pour les élèves. C'est là cette éducation professionnelle qui fait la spécialité des missionnaires.

Ce n'est pas tout. J'ai cité un témoignage disant que certains peuples (ils sont tous les mêmes dans nos colonies) qui sont superstitieux ne trouvent pas dans nos sociétés laïques cet enseignement moral que donnent les missionnaires.

Il leur faut non pas un prêtre, a-t-on dit, mais presque cela ; sinon ils deviennent nuisibles.

Eh bien ! les missionnaires ont paré à cet inconvénient. C'est précisément là qu'est leur force ; c'est une chose qu'il est inutile de démontrer. Tout enseignement religieux, qu'il soit chrétien ou non, est nécessairement un enseignement moral. On peut trouver qu'il est inutile en France ; mais avec des êtres tels que les habitants de ces pays sauvages, incapables par eux-mêmes de se faire une idée exacte du bien et du mal, les idées religieuses sont nécessaires, sont seules capables d'arriver à des résultats sérieux.

Si nous jetons les yeux sur l'*Atlas* que publient les Missions africaines de Lyon, nous n'avons pas de peine à voir toute l'étendue de leur œuvre ; je vais tâcher de l'esquisser à grands traits.

Je ne parlerai d'ailleurs, autant que possible, que de nos colonies et principalement de celles qui sont encore à conquérir à la civilisation.

Je commencerai par l'ASIE.

Si l'influence française se fait sentir par l'intermédiaire de nos apôtres catholiques dans le Levant, où s'élèvent partout des écoles dans lesquelles les musulmans envoient leurs enfants apprendre notre langue, je ne fais que le mentionner ; cela n'a pas beaucoup de rapports avec mon sujet, qui ne traite que de la colonisation.

Mais si nous nous tournons vers l'Extrême-Orient ou vers nos possessions de l'Hindoustan, c'est de ce côté que nous en voyons les effets.

C'est surtout dans cette terre d'Indo-Chine, si souvent arrosée de leur sang, que le rôle des missionnaires est le plus important.

Et certes, si dans le Tonkin méridional et dans la Cochinchine orientale, assez éloignés du théâtre de la dernière guerre, ils ont été relativement épargnés, dans le Tonkin occidental il n'en a pas toujours été ainsi. Si les Missions catholiques, même de nos jours, y sont tranquilles dans les villes occupées et défendues par la France, le pays n'est pas sans dangers, témoin la belle mission de Laos, dont la fondation a coûté tant de sacrifices, et qui a été emportée dans la tourmente.

La première statistique que j'ai pu me procurer date de 1868 (je ne donnerai d'ailleurs en tout que les deux extrêmes). Elle porte pour les Missions étrangères de Paris :

Siam : 1 vicaire apostolique, 14 missionnaires européens.

Birmanie : 1 administrateur, 1 provicaire, 16 missionnaires français, 1 prêtre indigène.

Malaisie : 1 vicaire apostolique, 1 provicaire, 15 missionnaires européens.

Cambodge : 1 administrateur, 1 provicaire, 5 missionnaires européens.

Cochinchine : 3 vicaires apostoliques, 3 provicaires, 40 missionnaires européens, 44 prêtres.

Tonkin : 2 vicaires apostoliques, 1 coadjuteur, 3 provicaires, 18 missionnaires européens, 106 prêtres indigènes.

Avec les 15 missionnaires de Pondichéry et les autres de l'Hindoustan, cela fait 10 évêques et 338 missionnaires.

Dès cette époque, nos missionnaires furent chargés par le roi Tu-Duc de fonder dans sa capitale un établissement pour initier les Annamites aux sciences et aux arts mécaniques d'Europe.

Ce fut alors que fut fondé le collège de Hué.

En 1889, le collège de Saïgon avait déjà une centaine d'élèves, dont quelques-uns commencèrent les cours de théologie et pour lesquels fut inaugurée l'étude de la langue française.

Actuellement, nous pouvons compter :

	Évêques.	Prêtres.	Missionn. europ.	Prêtres indigènes.
Tonkin	5	436	84	262
Cochinchine	3	188	90	98
et Cambodge	1		21	

Malheureusement, les mandarins et les lettrés n'ont cessé jusqu'à nos jours d'exciter contre eux les populations. C'est surtout dans les dernières expéditions que l'on a pu constater le but poursuivi par les lettrés ; soulèvement des populations contre les Français ; massacre des chrétiens pour enlever à la France son vrai appui, afin de pouvoir ensuite poursuivre avec plus de chance la lutte à outrance.

« On ne veut pas assez comprendre cette vérité que l'ennemi a avouée lui-même officiellement. En cela on a très grand tort ; on fait fausse route, on se prive d'un appui inappréciable, et on ne s'apercevra de son manque que lorsqu'une réflexion sage aura dissipé les préventions et éclairé les esprits ; qui sait s'il sera temps alors ? »

Tous mes camarades que j'ai consultés à ce sujet ont été d'accord sur ce point. Le seul défaut qu'aient, en Indo-Chine, les élèves des Missions, c'est qu'une fois catholiques ils se croient supérieurs à leurs congénères.

Quel dévouement chez nos missionnaires du Tonkin, j'entends surtout, je dirai même exclusivement à notre point de vue, nos missionnaires français ! « Deux grandes congrégations, l'une française, l'autre espagnole, se sont partagé le pays suivant une ligne de démarcation très nette qui correspond au tracé du fleuve Rouge et de la rivière Claire. Toutes les provinces entre la rive gauche de ces cours d'eau et la Chine (Lang-Son, Cao-Bang, Tuyen-Quan, Thai-N'guyen, Bac-Ninh, Haï-D'zuong, Quang-Yen et une grande partie du Nam-Dinh) sont sous la juridiction spirituelle des dominicains espagnols. Les provinces de la rive droite (Hong-hoa, Son-tay, Ha-noï, une partie du Nam-Dinh, Ninh-binh et Thanh-hoa) sont administrées sous la dénomination générale de Mission du *Tonkin occidental* par les prêtres de la Société des Missions Étrangères de Paris. Ces derniers, au nombre de 43 seulement, ont à diriger environ 200,000 chrétiens groupés autour de 400 églises, sur une étendue de 12,000 kilom. Pour mener à bonne fin cette tâche écrasante, ils ont dû former un nombreux clergé indigène. Ce clergé, pour la seule mission du Tonkin occidental, ne comprend pas moins de 97 prêtres et de 350 catéchistes.

» L'agglomération de chrétiens habitant des villages rapprochés groupés autour d'une église s'appelle une *chrétienté*. 20 ou 30 chrétientés sont réunies en une *paroisse*, administrée par un prêtre indigène qui demeure à poste fixe dans la chrétienté la plus importante : c'est un curé de campagne. Cinq à six paroisses forment un district, sous la juridiction d'un missionnaire européen : celui-ci n'est pas à poste fixe. Il parcourt ses paroisses, loge chez les fidèles, fait ses tournées à pied, accompagné de catéchistes et d'un *coulie*, qui porte les ornements et les vases sacrés. Il vit pauvrement à la façon du pays, ne possède rien en propre ; chaque chrétien tient à honneur de le traiter de son mieux, c'est-à-dire suivant la cuisine annamite. Quand il arrive dans une chrétienté, il se tient à la disposition de tous ceux qui ont quelque communication à lui faire, quelque conseil à lui demander.

» Il juge les procès qu'on lui soumet, statue sur les mariages, réconcilie les ennemis, tranche les questions en litige. Il est juge et arbitre en même temps que prêtre : « Il faut bien, dit le père Girod, empêcher les chrétiens d'aller plaider devant le mandarin, qui ne les aime guère et chez qui on ne peut se présenter les mains vides. La fable de l'huître et des plaideurs semble faite pour les juges annamites. » Dr Hocquard.

Si nous passons à l'Hindoustan, je remonte encore à 1868.

A cette époque, nous y avions 1 évêque, 51 prêtres européens et 19 prêtres indigènes. A Pondichéry, ils avaient un grand séminaire de 9 élèves ; un petit de 358 élèves, dont 195 externes ; un collège colonial de 108. A Karikal, un collège-séminaire de 95 élèves. Plus de 39 écoles primaires (anglaises et françaises) et 15 écoles de filles.

Actuellement, les Missions Étrangères de Paris ont à Pondichéry : 2 évêques, 102 prêtres ; la Congrégation du Saint-Esprit, 20 prêtres. Les deux collèges ont 102 pensionnaires. Les 102 écoles instruisent 4,718 élèves.

Je ne parle pas de nos colonies d'Amérique qui, en somme, ne sont plus à coloniser. Les missionnaires, aux Antilles par exemple, font simplement l'office d'agents de l'enseignement. Citons cependant en Guyane les diverses explorations de ces derniers temps, dans lesquelles les Pères ont étendu de plus en plus notre influence jusqu'à l'Oyapok.

En Océanie, il y a beaucoup à faire ; et les efforts sont grands en Nouvelle-Calédonie, colonie que nous devons d'ailleurs à un missionnaire.

Jusqu'en 1830, cette partie du monde fut délaissée. Un ou deux prêtres, furtivement débarqués à Sydney au milieu des Irlandais, commencèrent l'œuvre.

Pour ne parler que de nos possessions, actuellement le vicariat apostolique de la Nouvelle-Calédonie et des Nouvelles-Hébrides possède 1 évêque, 40 missionnaires, 16 frères, 16 religieuses, 10 écoles, 2 orphelinats, 8 couvents. Les Petits-Frères de Marie de Saint-Génis-Laval dirigent 7 établissements : à Nouméa, un externat pour les enfants des colonies ; à Païta, un pensionnat et une école pour les Kanaques ; à Yahoué, un orphelinat ou métisat ; à Bourail, un internat pour les enfants des déportés et des libérés ; à Saint-Louis, à Lifou, à l'île des Pins, trois établissements pour les indigènes.

Reste l'Afrique, et c'est là que se concentrent de nos jours tous les efforts de la colonisation.

Je ne parlerai pas de l'Afrique septentrionale, l'Algérie, la Kabylie, la Tunisie, qui ne sont pas, à proprement parler, des colonies. Tout le monde connaît d'ailleurs le dévouement que Mgr Lavigerie n'a cessé de prodiguer à l'œuvre colonisatrice dans ces régions, et je crois qu'un Congrès géographique est une réunion désignée tout naturellement pour rendre hommage à ce grand apôtre de la civilisation.

A Madagascar, notre influence n'a pénétré véritablement qu'à l'avènement de Radama II, qui accueillit le père Jouen avec faveur. Grâce à nos missionnaires, les ports de l'île furent ouverts à notre commerce ; ces tendances irritèrent le vieux parti hova, poussé par les ministres protestants. Après l'assassinat de Radama et la mort de sa femme Rasoherina, on nous tint en suspicion ; sous le règne de Ranavalona II, mille intrigues vinrent arrêter nos progrès, et la clause du traité conclu en 1868, relativement à la liberté religieuse, fut considérée, en pratique, comme non existante.

Pendant la guerre, les jésuites, obligés de quitter Tananarive, établirent des écoles à Majunga et à Tamatave. Connaissant le pays, ils nous rendaient mille services. Si on les avait seulement consultés sur la topographie des environs de Tamatave, à propos de l'*une* des deux affaires de Farafatte, nos troupes n'auraient pas subi l'échec qu'elles éprouvèrent alors.

Le grand obstacle que les idées françaises ont rencontré de

tout temps à Madagascar, et j'ai pu comme tous les officiers de la station le constater lors de ma campagne sur les côtes de l'île et à terre, a été la présence et surtout la persévérance des missionnaires étrangers, et c'est à peine si nos Missions catholiques ont pu contre-balancer cette influence. Les Anglais avec leurs bibles auraient, sans ces derniers, fait plus que nous avec tous nos canons. Le cas du pasteur Shaw, qui est passé inaperçu, mais que tout le personnel de la station a connu, en est une preuve, mais alors bien exagérée.

Cependant nos missionnaires, destitués de tout appui officiel, et malgré leur peu de ressources, poursuivent leur œuvre sans découragement.

Ils possèdent actuellement deux grands centres, celui de Tananarive, la capitale, et celui de Tamatave.

Il y a 48 pères, 20 frères et 530 instituteurs indigènes des deux sexes, la plupart mariés ensemble, employés à l'éducation de près de 20,000 élèves.

Dans les petites îles malgaches, les pères ont des élèves de provenances diverses, qui retournent chez eux une fois leur éducation terminée. A Mayotte, entre autres, j'ai eu l'occasion de constater moi-même les excellents résultats qu'ils avaient obtenus.

A Bourbon et à Maurice sont divers établissements des R. P. du Saint-Esprit, dont l'un d'eux, mon compagnon de cabine sur le paquebot, m'a donné de nombreux renseignements. C'est grâce à eux qu'à Maurice comme à Mahé (Seychelles), colonies anglaises toutes deux, après avoir appartenu à la France, j'ai été fort étonné de voir la langue française prédominer encore. Mon étonnement a été plus que partagé à Mahé par un journaliste anglais, qui s'obstinait à vouloir parler sa langue nationale à de petits nègres qui ne lui répondaient autrement qu'en français.

Si nous arrivons enfin à la côte occidentale de l'Afrique, à ces pays à peine acquis qu'il s'agit de conquérir à nos idées, c'est là que nous voyons l'œuvre des Missions dans son plein déve-

loppement, et l'on peut dire que personne ne nous a mieux préparé les voies.

Déjà en 1868, la Congrégation du Saint-Esprit possédait en
Sénégambie un préfet, un vicaire, Mgr Kobès, 10 pères, 28 frères
et 38 religieuses.

Dakar, qui par sa position est destiné à détrôner Saint-Louis,
fut occupé d'abord, en 1845, par des religieux du Sacré-Cœur
de Marie. La présence des missionnaires attira sur ce point l'attention de l'administration coloniale, et en 1857 M. Protet en prit
possession au nom de la France.

Actuellement, toute la Sénégambie est dans la fièvre colonisatrice ; le Sénégal possède 23 écoles déjà fréquentées en 1880 par
plusieurs milliers d'élèves. Et pendant qu'à Tombouctou on
pourra bientôt enseigner librement la langue de la France, voici
que les tribus des Bambara, des Lita, etc., demandent des
missionnaires.

Sur la côte de Guinée, les Missions africaines de Lyon, à peine
fondées par Mgr Marion Brésillac, allèrent seconder les efforts des
Pères du Saint-Esprit.

Je ne m'étendrai pas ici sur cette région.

Qu'il me suffise de dire que la Côte d'Or possède 6 écoles
administrées par 5 prêtres, le Dahomey 4 écoles avec 6 prêtres ;
la Mission de Porto Novo n'a pas peu contribué à nous acquérir
ce royaume, qui est en somme la plus importante de nos possessions en Guinée.

Enfin le Gabon possédait, en 1884, 17 prêtres, 14 frères, 16
sœurs, administrant une quinzaine d'écoles.

Mgr Leberre, qui depuis si longtemps se consacre à cette œuvre,
vient de voir s'ajouter il y a quelques années à la station de Lambaréné deux nouveaux postes, l'un à l'embouchure de l'Ogooué,
l'autre dans l'intérieur.

Quant au Congo, l'antique Mission se relève de ses ruines.
Favorisés par la bienveillance habituelle de M. de Brazza, les
Pères du Saint-Esprit ont fondé deux établissements, l'un au
Loango, et l'autre près de Brazzaville.

On n'aurait qu'à regarder la carte que l'on nous a distribuée ici même lors de la Conférence du capitaine Trivier pour voir jusqu'où vont les efforts de nos Missions françaises. Je n'en parlerai pas, m'étant astreint à ne m'occuper que de nos propres colonies.

Maintenant que nous avons vu les résultats magnifiques obtenus par les missionnaires, il nous semblerait impossible que les ressources n'aient pas été en proportion. Eh bien! cela n'est pas. Les ressources des missionnaires sont presque nulles : j'entends non pas les ressources sur les lieux (elles leur viennent d'eux-mêmes), mais celles de leurs congrégations. En dehors du cas que je citerai à propos du Gabon et du Congo, les Missions ne reçoivent aucune subvention. Or les besoins sont grands, étant donné l'accroissement que prend leur œuvre.

Dans toutes les lettres que les Pères envoient aux supérieurs de leurs congrégations, et j'en ai compulsé beaucoup à Lyon, on voit des demandes incessantes de secours.

Que sont les résultats obtenus en comparaison de ce que l'on pourrait faire si l'on avait des auxiliaires et des ressources ?

Chaque année, les chefs viennent auprès de Mgr Leberre faire les plus vives instances pour qu'il envoie des missionnaires chez eux. Le personnel est déjà trop restreint pour soutenir les œuvres entreprises, et les ressources manquent pour les entretenir. Et pourtant les Missions étrangères sont là avec leurs richesses ; elles établissent des postes avancés dans l'intérieur ; les chefs se lassent d'attendre, et qui sait si un jour ils ne finiront pas par se laisser séduire par les promesses de nos voisins.

L'on comprend aisément les angoisses de nos apôtres civilisateurs quand ils se voient réduits à leurs faibles ressources pour faire face aux exigences d'œuvres aussi étendues.

A côté de cela, il est fort curieux de voir quelles sont les ressources des autres missionnaires, anglais, wesleyens et autres, qui disputent le terrain aux nôtres, c'est-à-dire combattent l'influence française dans nos propres possessions.

Je me permettrai de citer à ce sujet quelques chiffres qui,

quoique bien vieux, n'en ont pas moins leur importance ; je les tire d'un ouvrage publié il y a vingt ans, qui montre bien qu'avec un personnel nombreux et des frais immenses les Missions protestantes arrivent à des résultats relativement insignifiants.

« En Chine, dit-il, on trouve les représentants de 17 sociétés distinctes. » — « Une seule des sociétés anglaises consomme, annuellement, dit le *Times* (18 janvier 1860), *un million* de francs sans sortir de chez elle, avant qu'aucun prédicant se soit embarqué. » — « Le revenu de la corporation appelée « Church Missionary Society », dont un quart est absorbé chaque année par ses propres officiers, monta, en 1859, à 4,075,000 fr. — La « Société Biblique » a réuni 4,875,000 fr. Les Wesleyens anglais employaient en 1862 3,432,000 fr. La « Société de Londres pour les Missions » possédait en 1839 un revenu annuel de 2,000,000 de francs. La « Société pour la propagation de l'Évangile » a dépensé en un an 3,500,000 fr. Le fonds roulant des sociétés anglaises seules ne s'élève pas à moins de *cinquante millions*. — « Un état-major dont l'existence dépend de ce système absorbe pour sa part les 25 centièmes de ce revenu fabuleux. » *Times* 17 janvier 1860.

A Taïti et dans les îles voisines 2,500,000 fr. avaient été dépensés vers cette époque sans résultat (Asiatic Journal, tom. VIII, new series). Dans la Nouvelle-Zélande, les Wesleyens seuls avaient dépensé 2,000,000 avant 1844 et deux fois autant en 1860 (Brown's, New-Zealand app., pag. 273).

La Société « Church Missionary » y dépensait annuellement 350,000 fr. pour 8 missionnaires et 16 catéchistes (Terry, New-Zealand, pag. 489). En 1858, 5,000,000 de fr. (Thomson's New-Zealand, vol. I, part. II, ch. IV).

Dans l'Hindoustan, de 1840 à 1860, pour les Missions et les écoles, les dépenses se sont élevées à 72 millions environ (Montgomery-Martin, British India), etc., etc.

Cet exposé met suffisamment en évidence les ressources immenses dont disposent les missionnaires étrangers. Ce qui mérite de fixer l'attention, c'est le peu de résultats obtenus.

Brown, Ruschenberger, Weitbrecht, Knighton (9 juillet), sont unanimes à ce sujet.

Enfin la Société biblique anglaise et étrangère, qui a été fondée en 1780, avait pour revenu 125,000 fr.; en 1791, 2,500,000 fr.; en 1841, 5,000,000 et distribuait 1,700,000 bibles.

Le peuple anglais, dit M. Howith (colonisation and christianity), dépense près de 4,250,000 fr. en bibles.

Ceci est de 1869-70. Depuis, la progression n'a fait qu'augmenter.

Or, ce sont toutes ces sociétés qui, dans un but patriotique à leur point de vue, c'est possible, nous font une guerre acharnée et sont le principal obstacle à notre influence. Actuellement, sur la côte de Guinée, elles s'appuient sur des ressources énormes, et l'évêque noir, M. Crowter, quand il n'est pas en Angleterre, part de Lagos une fois par an, à bord de son steamer, le *Henry Wenn*, cadeau des sociétés de propagande, et remonte le Niger avec sa famille; sa Mission reçoit à elle seule 900,000 fr. par an.

Voilà donc des différences énormes entre les ressources infimes qu'ont nos missionnaires et les richesses dont disposent nos voisins. Les sociétés de propagande anglaises sont certes bien plus généreuses que les nôtres, et l'État leur donne plus que sa part.

Et pourtant nos Pères font tout ce qui est en leur pouvoir, surtout dans les pays neufs, comme le Gabon, le Congo et les côtes de Guinée; ils se dispersent pour fonder le plus d'établissements possible.

Mais leurs ressources sont bien minimes.

Ce qu'il faut, ce qui sans conteste ferait faire le plus grand pas à l'œuvre colonisatrice par l'intermédiaire de nos Missions, ce serait une augmentation rapide du nombre des stations, et il faut de l'argent pour cela; un recrutement plus facile du personnel, et à ce sujet je crois qu'en somme un missionnaire est bien un soldat, sinon plus, car il ne risque pas que sa vie;

enfin une meilleure hygiène assurée aux missionnaires, et pour cela encore ce n'est pas la science qui leur manque, mais l'argent. Tels sont, en effet, les bienfaits qui sortiraient inévitablement de ressources plus abondantes.

Comment y arriver ? Ceci est une question que je n'ose résoudre. Mais il me semble cependant que, si l'État suivait l'exemple du gouverneur du Gabon et du Congo français et donnait aux Missions non pas l'appoint nécessaire, mais au moins certaines subventions, ces dépenses, en somme inappréciables dans l'équilibre de nos budgets, ne tarderaient pas à porter leurs fruits.

C'est dans la communication du Dr Ballay, au Congrès, que j'emprunte ces renseignements : « Autrefois, au Gabon et au Congo, on donnait 25,000 fr. pour une seule école. Depuis quelque temps, on donne 2,000 fr. par établissement, et ce nouveau système a donné d'excellents résultats. Les missionnaires dispersent les jeunes gens, en font des instituteurs indigènes à très bon marché, qui coûtent chacun 20 à 30 fr. par mois. »

Permettez-moi de citer encore un passage du travail de M. Aymonier ; je suis très heureux qu'il ait, lui, un des représentants les plus autorisés de l'Instruction publique coloniale, présenté ce même vœu :

« Je ne vais pas, dit-il, jusqu'à demander de subventionner leur culte, à l'instar des anciens gouverneurs, les amiraux ; non. A nos missionnaires catholiques français je ne donnerais, mais sur de plus larges bases, que les subventions que les Anglais leur accordent dans les Indes, en faveur de l'enseignement.

» Ils sont à notre discrétion, et, avec de justes égards, de fortes allocations, ne pouvons-nous pas exiger qu'ils contribuent énergiquement à la propagation de l'idiome national ?

» Nous avons en Indo-Chine, sauf erreur, 9 évêchés et 5 à 600,000 chrétiens. Par parenthèse, 3 évêchés, au Tonkin, appartiennent aux Dominicains espagnols. Le rôle de ces prêtres étrangers est neutre, si ce n'est hostile, en face de celui des missionnaires français, dont le patriotisme est généralement ardent. Cette question des prêtres espagnols du Tonkin, non résolue, pas même soulevée, caractérise, à elle seule, d'une manière frappante, l'incurie, le décousu, le manque de visées nettes de notre politique coloniale.

» A chacun de ces 9 évêchés, je proposerais de donner *cent mille francs* de subvention annuelle, à condition de se mettre, à bref délai, en mesure d'enseigner le français à un millier d'élèves. On promettrait aussi d'augmenter, après résultats constatés, cette subvention de 100 fr. pour chaque élève qui serait ajouté au chiffre primitif.

» Avec 1,000,000 de subvention, nous aurions presque immédiatement, pour toute l'Indo-Chine, 10,000 jeunes gens apprenant le français. Bientôt, pour 20,000 élèves, nous ne donnerions que les 2,000,000 dépensés actuellement par la seule Cochinchine, qui n'obtient que des résultats dérisoires.

» L'administration, nous le verrons, peut, de son côté, fonder et entretenir des écoles publiques de garçons. Mais sa tâche serait trop délicate en ce qui concerne les filles, qui pourtant doivent être instruites, si l'on veut arriver au but patriotique que nous visons. Ici, l'administration impuissante sera avantageusement remplacée par des centaines de ces humbles filles à cornettes qui, vouées elles-mêmes au célibat, nous donneront des milliers d'enfants d'adoption.

» Laissons donc aux *Missions le choix des voies et des moyens*, ainsi que celui de leurs auxiliaires, frères ou sœurs, et bornons-nous au rôle relativement facile de constater les résultats obtenus, afin de fixer les subventions en proportion. »

Pourquoi ne pas suivre ces conseils ? Pourquoi ne pas agir ainsi dans toutes nos possessions coloniales ?

A ce sujet, le *Moniteur des Colonies* trouve que ce serait trop.

« Nos budgets, dit-il, sont assez chargés, nos budgets coloniaux surtout, pour qu'aucune dépense à y ajouter ne puisse être inappréciable. On pourrait objecter que bien des dépenses inutiles y figurent déjà. D'accord. Mais ce n'est pas une raison pour en ajouter ou les remplacer par d'autres qui seraient encore moins utiles. »

S'il y a dans nos budgets des dépenses plus ou moins utiles, je n'ai pas à le juger. Mais je crois avoir démontré, et en cela j'ai certainement l'approbation de tous ceux qui ont étudié *sur les lieux* cette question si controversée de la colonisation, je crois avoir démontré que les dépenses qui seraient faites pour propager par les missionnaires *catholiques français* notre influence ne seraient pas dans ce cas.

L'argent qui sert à étendre les bienfaits de la civilisation et l'influence de la France ne sera jamais de l'argent perdu.

François RIBES,

Médecin de la marine.

Les conclusions du conférencier sont approuvées sauf quelques réserves, faites notamment par MM. Deloncle, Descubes et Malavialle, qui trouvent que cette communication sent trop le panégyrique et n'est pas conforme en cela à l'esprit de la science.

M. Echalier, chef du service commercial et délégué de la Compagnie Paris-Lyon-Méditerranée, fait par contre une communication universellement applaudie et goûtée, parce qu'elle est précise et concluante, sur la question du « Saint-Gothard et du Port de Gênes ».

MESSIEURS,

En venant au Congrès Géographique de Montpellier, je ne prévoyais pas avoir à y jouer un autre rôle que celui d'auditeur.

Si je prends aujourd'hui la parole sur la question des mesures les plus efficaces à prendre pour lutter contre la concurrence créée au transit français par le percement du Saint-Gothard et les travaux du port de Gênes, c'est parce que, personne ne se faisant inscrire pour parler sur cette question, qui figure à l'ordre du jour de votre conférence, quelques membres du Congrès m'ont demandé de la traiter.

Ne comptez donc pas sur un discours académique, mais simplement sur des chiffres sincères appuyés de la présentation des documents officiels que j'ai dû faire venir à la hâte de Marseille et de Paris ; quelques-uns de ces documents sont déposés sur le bureau ou vont circuler dans la salle ; je tiens les autres à votre disposition.

Pour ne pas fatiguer votre attention et pour laisser la parole à d'autres, je tâcherai d'être le plus bref possible, tout en ne vous cachant pas que, sur certains points, je serai forcé d'entrer dans quelques développements.

Votre opinion, d'ailleurs, sera bientôt faite. Pour cela, il suffirait, à la rigueur, de rapprocher :

1° Les recettes kilométriques brutes du Gothard et celles de quelques lignes françaises aboutissant ou non à la mer ;

2° Les tonnages du chemin de fer du Gothard et ceux du chemin de fer entre Marseille et Lyon ;

3° Les tonnages des ports de Gênes et de Marseille.

— Et d'abord, quelques mots sur la ligne du Gothard.

Le chemin de fer du Saint-Gothard, situé tout entier sur le territoire suisse, a été créé pour opérer à travers les Alpes la jonction des chemins de fer suisses avec les chemins de fer italiens.

Sa forme est celle d'un Y majuscule, vu du Nord, dont le corps au lieu d'être coudé vers l'Est serait coudé vers l'Ouest. Lucerne se trouve à l'extrémité de cette branche ; c'est par là que le Gothard communique avec Berne et avec la partie occidentale de la Suisse.

Rothkreuz est au coude ; c'est la gare de jonction avec les lignes de Bâle et de Zurich, lignes qui desservent la partie la plus commerçante de la Suisse, celle où l'on travaille le fer, le coton, la soie et qui desservent en même temps l'Allemagne, l'Autriche et la Belgique, etc.

Au sud du Gothard, la bifurcation des deux branches aboutissant aux chemins italiens est à Bellinzona.

A l'Est, la branche de Chiasso (209 kilomètres de Gênes) dessert : Milan, Vérone, Venise, Bologne, l'Adriatique, etc.

A l'Ouest, la branche de Pino (232 kilomètres de Gênes) dessert : Novare, Alexandrie, Turin, Gênes, etc., la Méditerranée.

Les distances entre les deux points de raccordement nord

du Gothard (Rothkreuz, Lucerne) et les deux points de raccordement sud du Gothard (Chiasso, Pino) varient de 184 à 232 kil.

Nous ne dirons rien du petit tronçon de Cadenazzo à Locarno qui aboutit au Lac Majeur.

L'album de statistique graphique publié en 1889 par le ministère français des Travaux publics nous donne le moyen de comparer, pour 1887, les recettes kilométriques brutes des chemins français avec celles du Gothard, relevées, comme tout ce qui va être dit sur le Gothard, dans les rapports aux assemblées générales des actionnaires de ce chemin.

Gothard, en	1887	43.057 fr. par kil.	
Ouest :			
Le Havre à Rouen	—	102.600	—
Rouen à Paris	—	165.800	—
Rennes à Chartres	—	69.200	—
Dieppe à Clères (près Rouen)	—	64.300	—
Caen à Nantes	—	59.200	—
Nord :			
Quévy-Erquelines à Creil	—	124.900	—
Boulogne à Amiens	—	71.900	—
Amiens à Paris	—	130.500	—
Calais à Lille	—	66.300	—
Est :			
Nancy et Avricourt à Paris	—	75.600	—
Belfort à Paris	—	57.800	—
Orléans :			
Bordeaux à Paris	—	102.400	—
Saint-Nazaire à Tours	—	40.200	—
Limoges à Orléans	—	51.300	—
Midi :			
Cette à Bordeaux	—	88.700	—
Perpignan à Narbonne	—	70.400	—
P.-L.-M :			
Marseille à Lyon	—	159.400	—
Lyon à Paris	—	168.500	—
Cette à Tarascon et à la Levade	—	97.300	—
Marseille à Toulon	—	72.700	—

Mâcon et Lyon à Bellegarde (près Genève)	1887	59.800 fr. par kil.
Bellegarde à Genève................	—	46.100 —
Brioude à Saint-Germain-des-Fossés...	—	43.400 —
Saint-Germain-des-Fossés à Moret (jonction des lignes du Bourbonnais et de Bourgogne).....................	—	49.500 —

Les recettes kilométriques du Gothard sont donc loin d'égaler celles des principales artères françaises qui aboutissent à la mer ou à la frontière de Belgique ; elles n'atteignent même pas celles de quelques lignes qui, tout en étant moins bien dotées que les précédentes, ont une importance réelle ; elles sont juste comparables à celles d'une de ces lignes de l'intérieur de la France, dont on n'a jamais dit que l'ouverture avait déplacé l'axe du trafic européen.

Au point de vue des recettes, l'importance kilométrique du Gothard (43,057 fr. par kilom. en 1887, 43,728 fr. en 1888) n'est donc guère que le quart (exactement 27 %) de celle de la ligne de Marseille à Lyon.

Voyons maintenant les tonnages :

Comme les derniers renseignements publiés à ce sujet par le ministère français des Travaux publics se rapportent, non pas à 1887 mais à 1886, nous n'aurons plus recours à ce document, et nous nous contenterons de comparer ensemble le mouvement, en tonnes, du Gothard avec celui de la ligne de Marseille à Lyon; mais notre examen portera sur les résultats de l'exercice 1888, auquel a trait le dernier rapport à l'assemblée des actionnaires du Gothard, exercice plus intéressant parce qu'il est plus rapproché de l'époque actuelle.

Le tonnage total transporté sur le Gothard à des distances variant de 3 kilom. à 232 kilom. a été de six cent soixante mille tonnes (660,241 tonnes). Le parcours kilométrique total cent deux millions de kilomètres (101,998,248 kilom.) ramené à la distance moyenne de 232 kilom., le plus long parcours que l'on puisse faire sur le Gothard, donne pour l'ensemble de cette ligne, en 1888, une moyenne de 440,000 tonnes.

C'est à peine le cinquième du tonnage kilométrique moyen transporté, dans la même année, entre Marseille et Lyon, d'après un document qui, bien qu'émanant de la Compagnie Paris-Lyon-Méditerranée et non plus du ministère des Travaux publics, n'en peut pas moins être considéré comme très authentique :

Section Marseille-Arles........ 2.379 milliers de tonnes.
— Arles-Tarascon........ 2.202 —
— Tarascon-Valence...... 2.313 —
— Valence-Lyon......... 2.448 —

Ainsi, au point de vue des recettes, l'importance du Gothard est à peu près le quart de celle de la ligne de Marseille à Lyon ; au point de vue du tonnage des marchandises transportées, l'importance du Gothard n'est que le cinquième de celle de la ligne de Marseille à Lyon.

En insistant aussi longuement sur les recettes kilométriques et sur le tonnage du Gothard, j'ai tenu à vous montrer, à la fois d'une façon absolue et par comparaison, que ce ne sont ceux ni d'une ligne de premier ordre, ni d'une ligne qui aurait absorbé une partie importante du grand trafic français, sans parler de celui des autres pays.

Voyons maintenant le port de Gênes et le port de Marseille, d'après les comptes rendus des Chambres de Commerce de ces deux ports :

En 1888, le mouvement total du port de Gênes (commerce général) a été de... 2.238.000 tonnes.

Le mouvement du port de Marseille (commerce général) a été de......... 4.035.000 —

Le mouvement du port de Gênes, en 1888, a donc été d'un peu plus de la moitié (55 °/₀) de celui du port de Marseille.

Si de ce mouvement général nous retranchons, de part et d'autre, la houille, c'est-à-dire :

pour Gênes....... .... 1.325.000 —

pour Marseille . . . .   615.000 tonnes.
(dont à l'entrée 349.000, à la sortie
266.000), le reste du mouvement de Gênes
est de . . . .   913.000   —
et le reste du mouvement de Marseille est
de . . . .   3.420.000   —

Déduction faite des houilles, de part et d'autre, le mouvement du port de Gênes n'est donc plus guère que le quart (26,7 %) de celui du port de Marseille.

Et cette importance de la houille dans le mouvement total du port de Gênes n'est pas spéciale à l'année 1888. La proportion de la houille dans le total des importations du port de Gênes (commerce spécial) était de 59 °/₀ en 1881 (l'année qui a précédé l'ouverture du Gothard), de 57 °/₀ en 1882, 61 °/₀ en 1883, 58 °/₀ en 1884, 59 °/₀ en 1885, 1886 et 1887 ; elle a atteint 65 °/₀ en 1888.

Ce n'est pas que l'ouverture du Gothard y soit pour quelque chose : car les comptes rendus de la Chambre de Commerce de Gênes ne mentionnent pas de houilles expédiées en transit en Suisse, mais, par contre, le *Movimento commerciale del Regno d'Italia*, qui est en Italie ce qu'est chez nous le *Tableau du commerce général de la France*, publié par la Direction générale des douanes, mentionne que l'Italie, en 1888, a expédié en Suisse 5,252 tonnes de houille ou de coke. Mais, que ces 5,252 tonnes viennent du port de Gênes ou d'un autre port italien, qu'elles aient été transportées plus ou moins loin sur le Gothard, ou qu'elles soient entrées en Suisse par un de ces lacs au sud des Alpes qui appartiennent partie à la Suisse, partie à l'Italie, ce n'est pas la peine de s'arrêter à un si faible tonnage.

L'importance de la houille dans les importations du port de Gênes s'explique facilement, l'Italie n'ayant pas de houillères et tirant de l'étranger (dans la proportion de 95 °/₀ par eau) les houilles nécessaires à ses chemins de fer, à ses bateaux à vapeur, à ses usines à gaz, à l'industrie en général et aux besoins des particuliers.

Gênes dessert, d'ailleurs, la partie la plus industrielle de l'Italie, dans laquelle se trouvent des raffineries de sucre importantes, des rizeries (stabilimenti di brillantatura di riso), des établissements où l'on travaille le fer, des savonneries, des fabriques de bougies, des huileries, des filatures, des tissages, etc., etc.

Le mouvement du port de Gênes n'en a pas moins progressé, de 1881 (année qui a précédé l'ouverture du Gothard) à 1888, puisque, déduction faite des houilles (qui, à l'importation à Gênes, figurent au commerce spécial), il reste en milliers de tonnes :

ANNÉES	COMMERCE GÉNÉRAL Importations, exportations et transit	IMPORTATIONS SEULES (Commerce spécial)
1881	648	480
1882	698	530
1883	702	534
1884	810	619
1885	985	747
1886	991	751
1887	1045	833
1888	912	685

Au commerce général, l'année 1888 est donc en avance de 264,000 tonnes sur l'année 1881, année qui a précédé l'ouverture du Gothard. Or, en comparant ces deux années, on voit que l'augmentation de 1888 se compose des éléments suivants :

à l'importation des céréales destinées à la consommation italienne augmentation de .... 152.000 tonn.

— des riz, augmentation de........ 32.000 —

— des graines oléagineuses, augm. de 29.000 —

— au transit sortie par terre, augm. de 81.000 —

(dont 72.000 portent sur les marchandises dirigées sur les douanes de l'intérieur de l'Italie).

Total... 294.000 tonnes

Les pertes à l'exportation (commerce spécial)...... 18.000 tonn.
Celles sur les marchandises étrangères en transit sorties par mer................................ 4.000 —
Et les fluctuations sur les marchandises à l'importation autres que celles détaillées ci-dessus, nous ramènent à l'augmentation précitée de.......... 264.000 —

— Le mouvement total (commerce général) du port de Marseille a eu, permettez-moi d'insister sur ce détail, son point culminant en 1888 (l'année qui a suivi l'ouverture du Gothard), ainsi que vous pouvez en juger par les chiffres ci-après, extraits des comptes rendus de la Chambre de Commerce de Marseille et qui expriment des milliers de tonnes :

1881	1882	1883	1884	1885	1886	1887	1888
3437	3831	4033	3385	3473	3621	3681	4035

La dépression qui s'est produite dans les années suivantes est due à trois causes principales :

1° La crise commerciale et industrielle qui a éclaté avec une si grande intensité dans le monde entier ;

2° Les épidémies cholériques de 1884 et 1885, dont Marseille a ressenti les effets, même postérieurement à ces deux années ;

3° La crise métallurgique à la suite de laquelle la fabrication de la fonte a émigré dans l'Est au détriment des hauts-fourneaux du centre et du sud de la France.

Les importations de minerai de fer à Marseille qui étaient de.................................... 258.000 tonnes en 1881
.... 263.000 — 1882
.... 265.000 — 1883
sont tombées brusquement à......... 159.000 — 1884
.... 119.000 — 1885
puis à............................. 63.000 — 1886
.... 27.000 — 1887
et à............................... 21.000 — 1888

Si Marseille avait reçu, en 1888, les 244,000 tonnes de minerai de fer qui lui manquent, par rapport à l'année 1883, l'année 1888 aurait été de beaucoup celle qui aurait donné au port de Marseille le mouvement le plus élevé.

— Quelques chiffres vont vous montrer ce que sont, à Marseille et à Gênes, à l'importation (commerce général), trois commerces très importants pour l'une et l'autre place : Je veux parler du commerce des farines et des céréales (riz non compris), du commerce des graines oléagineuses et du commerce des cotons.

— 1° Farines et céréales, riz non compris (en milliers de tonnes).

IMPORTATIONS (Commerce général)			
ANNÉES	MARSEILLE	GÊNES	DIFFÉRENCES au profit de Marseille
1881	644	99	545
1882	787	106	681
1883	902	102	800
1884	553	172	381
1885	572	. 301	271
1886	633	328	305
1887	670	334	336
1888	901	292	609

Le tonnage de Gênes, en 1888, est donc le tiers de celui de Marseille.

Or, sur ces quantités totales, Gênes a réexpédié en transit (en milliers de tonnes) :

ANNÉES	Sur les douanes de l'intérieur de l'Italie	Sur l'étranger par terre	Sur l'étranger par mer	Total des réexpéditions en transit	RESTE pour la consommation italienne après dédouanement à Gênes	TOTAL égal aux importations de Gênes
1881	6		7	13	86	99
1882	4		12	16	90	106
1883	5		13	18	84	102
1884	—	40	2	42	130	172
1885	3	66	4	74	227	301
1886	6	38	—	44	284	328
1887	3	32	2	37	297	334
1888	16	38	—	54	238	392

Ce qui a manqué à Marseille, par rapport à l'année 1883 (année la plus prospère pour Marseille depuis 1881, malgré l'ouverture du Gothard en 1882, on ne saurait trop le répéter), ce n'est donc pas l'action combinée du Gothard et du port de Gênes qui le lui a enlevé, puisque, en 1884, Marseille ayant reçu 349,000 tonnes de céréales de moins qu'en 1883, Gênes reçoit seulement 70,000 tonnes de céréales de plus qu'en 1883, et en expédie à l'étranger par terre, c'est-à-dire, tant par diverses frontières que par le Gothard, 40,000 tonnes seulement.

Mais, ce tonnage de 40,000 tonnes, eût-il passé tout entier par le Gothard, ne représenterait guère que le dixième des céréales et des farines importées annuellement par la Suisse ; en effet, la Suisse tire, bon an mal an, 350 à 400 mille tonnes de céréales et de farines de l'étranger.

— 2° Graines oléagineuses, (en milliers de tonnes).

IMPORTATIONS (Commerce général)			
ANNÉES	MARSEILLE	GÊNES	DIFFÉRENCES au profit de Marseille
1881	286	16	270
1882	273	19	254
1883	308	28	280
1884	324	34	290
1885	327	42	285
1886	307	33	274
1887	287	47	240
1888	297	45	252

Le trafic des graines oléagineuses à Gênes est donc à peu près 15 °/₀ de celui de Marseille. Gênes ne paraît pas avoir expédié des graines oléagineuses en transit international par terre, ni en Suisse, ni ailleurs.

En supposant que toutes les graines oléagineuses que la Suisse a reçues en transit par l'Italie aient passé par Gênes et par le Gothard, le tonnage (120 tonnes, en 1888) ne vaut pas la peine d'être mentionné.

12

— · 3º Coton brut en balles :

Gênes en a reçu en 1888 (commerce général), 46,000 tonnes (46,479 tonnes). Sur ce tonnage, d'après la Chambre de Commerce de Gênes, 44,000 tonnes sont restées en Italie pour les besoins de l'industrie locale, 1,430 tonnes auraient été exportées par mer, et 1,000 tonnes seulement par terre ; ces dernières à destination de la Suisse et de l'Alsace.

Il y a donc lieu de supposer que, sur les 8,874 tonnes de coton brut transportées par le Gothard en 1888, plus des sept huitièmes venaient des ports de Venise et de Trieste, qui étaient déjà en possession de ce trafic bien avant l'ouverture du Gothard et faisaient leurs expéditions par la voie du Brenner.

La Chambre de Commerce de Marseille donnant le mouvement des cotons en nombre de balles (unité dont l'importance varie avec la provenance) et non en poids, il m'est impossible d'établir aucune comparaison pour les cotons entre Marseille et Gênes. Il me suffira de vous avoir montré ce qu'a été ce mouvement à Gênes en 1888.

Le rapprochement de quelques chiffres vous montrera combien peu il existe de solidarité entre le mouvement du port de Gênes et celui du Gothard. En 1888 :

Le mouvement total du port de Gênes (commerce général), a été de.................... 2.238.000 tonnes

Le mouvement total du Gothard a été de..... 660.000 —
c'est-à-dire, moins du tiers du mouvement du port de Gênes (exactement de 29, 4 %).

L'importation des houilles à Gênes a été de... 1.325.000 —

Le tonnage total des houilles, briquettes et coke transportés par le Gothard a été de 152,475 tonnes, en chiffres ronds....................... 152.000 —

Ces combustibles ne venaient pas du port de Gênes puisque le tonnage de ceux qui sont passés d'Italie en Suisse, quelle qu'en fût la provenance, ne dépasse pas 5,252 tonnes, en chiffres ronds.. 5.000 —

Le tonnage des combustibles de cette nature que

l'Italie a reçus de l'Allemagne par toutes voies étant de 101,436 tonnes, en chiffres ronds..... 101.000 tonnes

On voit que, sur les houilles transportées par le Gothard, en 1888, il a dû rester dans la traversée des Alpes, par conséquent sur territoire suisse, plus de.......................... .... 45.000 —

Le tonnage total des céréales et farines, riz non compris (commerce général), importées à Gênes a été de...... .... 292.000 —

Le Gothard a transporté au total 74,331 tonnes, en chiffres ronds........................... 74.000 —

Sur lesquelles il a reçu du port de Gênes moins de 35.000 —

Le total des céréales et des farines transmises par Gênes au Gothard représente donc un peu moins d'un huitième (exactement 11,9 %) de l'importation des céréales du port de Gênes, et moins de la moitié des céréales transportées par le Gothard.

Le tonnage total des cotons bruts importés au port de Gênes (commerce général) a été de..... 46.000 —

Sur lesquelles il a été passé au Gothard..... 1.000 —

Alors que le tonnage total du coton brut transporté par ce chemin a été de 8,874 tonnes, en chiffres ronds........................... 9.000 —

Le tonnage du coton brut passé de Gênes au Gothard, en 1888, représente donc un peu plus de 2 % (exactement 2,15 %) de ce que le port de Gênes a reçu de ce textile.

Et sensiblement 11 % (exactement 11,2 %) de ce qu'en a transporté le Gothard.

Le transit du port de Gênes, sortie par terre, a été de 115,461 tonnes, en chiffres ronds.... 115.000 —

Gênes a passé au Gothard en marchandises de toute nature........................... 37.000 —

C'est un peu moins du tiers (exactement 32,3 %) des marchandises étrangères sorties du port de Gênes, en transit par terre.

C'est moins de 2 % (exactement 1,56 %) du mouvement total du port de Gênes.

Le tonnage du transit de Gênes, sortie par mer, a été de 12,288 tonnes, en chiffres ronds. 12.000 —

Le tonnage des marchandises originaires de Suisse, d'Allemagne, d'Autriche, de Belgique, ayant transité par le port de Gênes, sortie par mer, ne représente pas même le sixième de ce faible tonnage, puisqu'il n'atteint pas dix-sept cents tonnes; c'est la trois cent quatre-vingt-huitième partie du trafic du Gothard.

Il a bien été transbordé au port de Gênes, pour en repartir par mer, 1,757 tonnes de marchandises venant d'Angleterre, mais plus de 1,400 tonnes, c'est-à-dire la majeure partie, consistant en café et en huiles, étaient arrivées à Gênes par mer, et non pas en traversant le continent et le Gothard ; il en est de même de presque tout le reste.

— Le transit est donc loin d'être un des éléments importants du port de Gênes. Mais, prétendre qu'il ne devrait y avoir aucun échange entre ce port et les frontières italo-suisses de Pino et de Chiasso, situées : la première à 232 kilom., la seconde à 209 kilom. de Gênes (distances inférieures à celle de Marseille-Joliette à Valence. 249 kilom.), paraît une prétention insoutenable.

Marseille a bien expédié, en 1888, plus de quatre-vingt-treize mille tonnes en transit international à Bellegarde (438 kilom.), douane-frontière la plus rapprochée de la Suisse du côté de Genève ; par conséquent, à une distance qui est sensiblement le double de celles de Gênes à Pino et à Chiasso.

Quant à l'ensemble du trafic du Gothard, en 1888, il peut se décomposer de la façon suivante :

Entrées en Italie par la frontière italo-suisse et Gothard...................... (y compris les 1,700 tonnes sorties en transit par Gênes).	255.700 ton.	38,7 %
Entrées en Suisse par la frontière italo-suisse du Gothard...................... (y compris les 37,000 tonnes venues en transit par Gênes).	166.000 —	25,1 %
Trafic des gares du Gothard entre elles, ou avec la Suisse, ou avec des pays autres que la Suisse, mais n'ayant pas traversé la frontière italo-suisse du Gothard	238.500 —	36,2 %
Total...	660.200 ton.	100 %

Il y aurait encore beaucoup à dire au sujet du Gothard et du port de Gênes ; mais je dois m'arrêter.

Ce qui a beaucoup contribué à fausser les idées et à créer la légende du Gothard, c'est sans doute que l'ouverture de ce chemin (juin 1882) a coïncidé à peu près avec la crise industrielle et commerciale qui a sévi, non seulement sur la France, mais sur le monde entier jusqu'à ces derniers temps, et avec les épidémies cholériques et les quarantaines qui ont détourné du port de Marseille (quoique sans profit appréciable pour Gênes) un trafic qu'il a eu peine à retrouver, même après la fin des épidémies cholériques ; on s'est donc laissé aller à attribuer à l'action combinée du Gothard et du port de Gênes ce qui était attribuable à d'autres causes.

Je serai heureux si les explications et les chiffres que je viens d'avoir l'honneur de vous soumettre ont pour résultat d'aider à dissiper cette dangereuse erreur, en vous montrant la situation sous son vrai jour, qui me semble fort rassurant.

Après la séance, M. le capitaine Nicolon, du 122ᵉ de ligne, fait une conférence très précise, très intéressante, empreinte d'une franchise et d'une rondeur toutes militaires, sur le Laos et le Siam qu'il a visités comme membre de la mission Pavie. — Le Président le remercie au nom du Congrès.

Samedi, 31 mai 1890.

Séance du matin, à 9 heures.

Présidence de M. Bayle, délégué de la Société de Topographie, assisté comme assesseurs de MM. Armand et le colonel Arnould.

M. Bayle fait oralement l'historique et le résumé des travaux de l'Association nationale de topographie. Il dépose ensuite sur le bureau, à titre de don, deux ouvrages de M. Paul Vibert et trois petits volumes de sa collection, La petite Bibliothèque populaire ; *Paul Bert et Clayton*, Les Colonies françaises ; *Henri Mager*, Les droits coloniaux de la France ; *Charles Demay*, Histoire de la colonisation allemande.

M. Malavialle, secrétaire général, donne lecture d'un Mémoire, que M. Martel, empêché de venir au Congrès, a envoyé, sur l'*utilisation des eaux souterraines des Causses*.

De l'utilisation des eaux souterraines des Causses.

La présente notice n'a pas pour objet la description circonstanciée de cette curieuse portion de la France qui s'étend du Lot à la Méditerranée, de Cahors à Montpellier, et qui, il y a dix ans à peine, était encore inconnue, ou peu s'en faut, des touristes, des géologues et même des géographes. Je ne viens pas reproduire ici un chapitre de mon récent ouvrage sur « les Cévennes », je veux au contraire étudier une question que je n'ai encore traitée nulle part, celle de l'utilisation des eaux intérieures au profit de l'agriculture et du reboisement.

Les Causses, on le sait, sont ces grandes tables calcaires, de 1,000 mèt. d'altitude moyenne, qui forment le talus méridional du plateau central et la déclivité occidentale des Cévennes, et qui s'appuient à l'Est sur les granits et les schistes du Mont Lozère (1,702 mètres) et de l'Aigoual (1,567 mèt.). Ils couvrent une grande partie des départements du Lot, de la Lozère, de l'Aveyron, du Gard et de l'Hérault, et leur nom vient du latin *calx* (chaux), par l'intermédiaire du patois *caous*. Jadis ces tables, constituées au fond des océans de la période secondaire par des accumulations de grains de sable et de débris organiques, épaisses de 200 à 600 mèt., ne composaient qu'une seule masse continue ; mais le ruissellement et les érosions, creusant et approfondissant d'étroites vallées, ont tronçonné cette masse en une multitude de petits Causses secondaires et en quatre Causses principaux, élevés de 800 à 1,200 mèt., et qui sont, du Nord au Sud : le *Causse de Sauveterre*, le moins stérile de tous ; le *Causse Méjean* (ou du Milieu), le plus aride, élevé et isolé (320 kilom. q.), rattaché à l'Aigoual par un isthme qui, en un certain point, n'a que 10 mèt. de largeur ; le *Causse noir*, le plus petit, mais aussi le plus pittoresque ; le *Larzac* enfin, le plus grand (1,200 kilom.).

En principe, ces plateaux reposent sur les marnes imperméables du *lias*, et se composent de plusieurs couches de *dolomies* très fissurées et séparées par des assises puissantes de *marnes* ou de *calcaires marneux*, le tout appartenant au terrain jurassique inférieur ou moyen (bajocien, bathonien, callovien, oxfordien, corallien).

Élisée et Onésime Reclus ont admirablement décrit ces plateaux nus, tristes, désolés, sans eau, sans bois, presque sans habitants, vrais « déserts de pierre » terribles à l'homme. Et le tableau qu'en faisaient les géographes n'était pas de nature à exciter la curiosité.

Aussi, c'est depuis trois ou quatre ans à peine que les Causses commencent, en dépit de la mode, à attirer les touristes par centaines vers des sites splendides, inconnus hier et célèbres demain : les gorges du Tarn et de ses affluents, de l'Hérault et de la Vis, les labyrinthes rocheux de Montpellier-le-Vieux, du Rajol, etc..., les cascades souterraines de Bramabiau, la grotte de Dargilan, etc.

Là, des vallées étranges n'ont guère plus de largeur que de profondeur ; leurs falaises encaissantes mesurent 500 mèt. de hauteur verticale ; les roches sont pourpres et les eaux translucides ; des forêts d'arbres se montrent moins fournies que les forêts d'obélisques naturels taillés et sculptés par les déluges antiques à même la pierre du terrain ; enfin l'on y voyage en barque sur les torrentueuses rivières quand les chemins n'ont pu trouver place au fond des trop étroits défilés.

Ce qui donne à ces cluses leur beauté particulière, leur originalité, ce sont les remparts dolomitiques qui constituent la plus grande partie de leurs murailles : remparts tout découpés par les météores atmosphériques (gelées, pluies, foudre et grêle), en créneaux, tourelles et donjons, tout bariolés par les sels de fer des nuances les plus éclatantes du rouge, du jaune et de l'orange ; vous savez que nulle part ailleurs que dans les formations dolomitiques on ne trouve de telles orgies de couleurs, des rocs aussi ruiniformes et des escarpements plus fantastiques.

Or tout cela, qui s'admire sans peine au flamboyant soleil du Midi, n'est pas cependant le côté le plus original de la contrée. Les paysages constituent le recto ; le verso gît dans les entrailles du sol, loin du ciel bleu, et il dissimule des merveilles dont quelques-unes seulement se sont jusqu'ici laissé entrevoir : grottes à stalactites immenses, longues de plusieurs kilomètres, avec des rivières souterraines imparcourues, des lacs intérieurs ignorés, revêtues d'un scintillant manteau de cristallisations, aussi belles que celles d'Autriche, tout un monde noir et caché qui se transforme en palais féeriques à la lueur du magnésium, fantastique à visiter, palpitant à découvrir.

Mais ce n'est pas de ce point de vue pittoresque qu'il s'agit ici : il a été développé dans maintes publications. J'arrive sans plus de détails à mon vrai sujet.

Une des plus singulières particularités de la géographie physique des Causses, c'est leur régime hydrographique.

Pour les géologues, il y avait là un problème à résoudre. Les rivières du Tarn, du Tarnon, de la Jonte, de la Dourbie, de la Vis n'ont pas d'affluents à ciel ouvert : tous leurs tributaires jaillissent du pied même des hautes falaises qui les encaissent, soit sous des gueules de cavernes largement ouvertes, soit à travers les interstices des éboulements, soit par les étroites fissures ou les joints des assises rocheuses.

En haut, sur les plateaux, entre 100 et 600 mètres au-dessus du niveau des vallées, les pluies, les orages mêmes ne forment aucun ruisseau ; les innombrables fentes naturelles du sol calcaire les absorbent en entier, soit goutte à goutte, quand elles sont étroites, presque invisibles, soit par véritables trombes quand elles s'épanouissent en larges avens, abîmes ou puits naturels très creux ; elles ne les rendent sous forme de courtes et puissantes fontaines vauclusiennes qu'après un long et profond voyage souterrain.

Ces sources bleues et bouillonnantes s'écoulent en bruyants ruisseaux longs de 100 à 500 mèt. au plus, mais qui font tourner de nombreux moulins.

Comment s'opère cette transformation intérieure des pluies en sources que l'on constate d'ailleurs dans tous les pays calcaires (Jura, Karst autrichien, Grèce) ?

Voilà la question dont j'ai commencé l'étude en 1888.

Les avens ou abîmes s'ouvrent en pleins champs, trous béants de toutes formes et de toutes dimensions, ronds ou allongés, étroits ou larges ; leurs gueules noires bâillent brusquement sans que rien en signale l'abord, soit horizontales au beau milieu d'une lande inculte, soit verticales dans l'escarpement d'une falaise.

Ils font peur : pendant les nuits sans lune ou les brouillards épais, maint voyageur s'y est « péri », dit-on ; les pâtres n'en laissent pas approcher leurs troupeaux, et les chutes du bétail égaré y sont fréquentes ; des légendes les rendent plus effrayants encore : dans l'un, on vit un soir un cavalier jaloux précipiter sa dame belle et suppliante ; dans l'autre, un berger perdit son fouet, qui fut retrouvé par sa mère au débouché d'une fontaine, à plusieurs kilom. de distance et à 500 mèt. au-dessous du plateau : « Mère, je t'enverrai ainsi une brebis par l'abîme », et de mener la bestiole au bord du trou, mais la pauvre se débattit si bien que le pâtre seul roula au gouffre ; il fut sortir comme le fouet et se faire recueillir par les mêmes mains. Ailleurs ce sont des feux follets qui attirent les paysans dans le précipice ou les brigands qui les y jettent.

On a bien voûté quelques-uns de ces trous, trop voisins des routes, des pâturages, des fermes ; ou entouré leur orifice d'un mur en pierres sèches ; mais, comme il y en a plusieurs centaines qui percent les Causses en écumoires, on ne saurait les fermer tous.

Aussi personne ne s'était-il risqué dans ces affreuses *bouches de l'enfer*, qui restaient une énigme géologique.

J'ai raconté ailleurs, et dans les publications mêmes de la Société Languedocienne de Géographie, les péripéties de nos descentes de 1888 et 1889 dans 14 avens profonds de 30 à 212 mèt. [1].

---

[1] Voir *Les Cévennes*. Paris, Delagrave, 1890. — *Annuaire du Club alpin français* pour 1888 et 1889. — *Comptes rendus des séances de l'Académie des Sciences*, 3 décembre 1884, 14 octobre et 25 novembre 1889, etc.

Pour mémoire seulement, je résume brièvement les résultats scientifiques de ces recherches.

Quant à la formation géologique, on croyait que les avens et autres puits naturels étaient dus surtout à des effondrements provoqués par les courants intérieurs.

Opinion beaucoup trop absolue : en réalité, les avens sont surtout des fractures préexistantes du sol que les eaux sauvages superficielles ont élargies par voie d'érosion ; l'effondrement est un facteur puissant assurément (à Padirac, par exemple), mais pas unique.

Comme conséquence de l'hypothèse précédente, on énonçait que les avens jalonnaient, pareils à des regards, le cours des rivières souterraines, — mesuraient plusieurs centaines de mètres de profondeur et communiquaient directement avec les fontaines d'en bas ! Il n'en est rien ; la communication (nous l'avons constaté) n'existe que dans des cas rares où les bouches des gouffres sont bien plus rapprochées du fond des gorges, c'est-à-dire où les plateaux sont peu puissants ; ce qui se produit accidentellement lorsque l'épaisseur du terrain à traverser n'est pas trop grande (Bramabiau, Mas Raynal, Padirac) et lorsque certaines relations de coïncidence existent entre la fracture superficielle de l'aven et la cassure interne où s'écoule la rivière cachée.

Il était également exagéré de dire que les avens aboutissaient à de vastes cavernes et qu'ils étaient percés au-dessus de vides immenses. Les grottes auxquelles ils conduisent sont beaucoup plus hautes que larges, vrais couloirs plutôt que grandes salles, fractures du sol et non dômes d'effondrements.

En résumé, la masse interne des Causses est bien moins caverneuse qu'on ne le supposait, et les eaux souterraines, au lieu de s'y accumuler en réservoirs étendus, paraissent descendre d'abord par voie de simple suintement, puis se réunir en minces ruisselets vite transformés en importants cours d'eau dans de longues galeries hautes ou basses, étroites ou larges, selon la nature des terrains traversés.

C'est-à-dire que les avens percent la zone supérieure des dolomies compactes, à la base desquelles le sommet des marnes (terres argilo-calcaires) recueille toutes les eaux suintant des gouffres et des grottes à travers 100 à 250 mèt. de terrain ; parmi les marnes, ces eaux ne circulent que par infiltration dans d'étroites fissures impénétrables. Puis la plus basse zone est encore faite de dolomies ou de calcaires compacts, dans les fractures élargies desquelles coulent de véritables rivières peu à peu formées et grossies par le simple égouttement des voûtes.

Exceptionnellement et dans le plus creux de tous les puits explorés, celui de *Rabanel* (212 mèt.) près Ganges (Hérault), dans le calcaire corallien de la Séranne (c'est-à-dire dans un terrain supérieur à celui des avens des Causses quoique d'altitude moindre), nous avons rencontré le lit d'une rivière temporaire qui ne coule qu'après les grandes pluies et qui se perd à 212 mèt. de profondeur dans d'énormes masses d'argile fissurée. Ceci explique comment une source voisine située à 1,300 mèt. à l'O.-S.-O. (celle de Brissac) et à peu près au niveau du fond du puits se trouble et devient vaseuse après les orages. Il en est de même sans doute pour toutes les fontaines que les mauvais temps salissent.

Mais, si tout cela semble de la science pure au premier abord, il n'en est pas moins vrai que des applications pratiques très sérieuses pourront en résulter dans un avenir plus ou moins éloigné.

Voici comment :

J'ai dit et vous savez tous que les Causses sont déboisés, stériles, sans eau : presque partout l'humus ou la terre végétale a disparu ; désagrégé par le déboisement, balayé par les vents âpres, desséché par la canicule, arraché par les troupeaux brouteurs. Au Congrès géographique de Toulouse, M. L. de Malafosse, le principal découvreur des Causses, a éloquemment démontré que le seul remède était le reboisement.

Pour reboiser il faut de l'eau.

D'autre part, sur le Larzac, le Causse Noir, le Causse de Gramat, etc..., maint village n'a plus à boire quand le soleil d'été a évaporé les citernes ou *lavognes*, et il faut aux paysans plusieurs heures, une journée parfois, pour quérir à la rivière prochaine une lourde petite cruche d'eau ; fatigant voyage par les zigzags cailouteux qui font cheminées de descente du haut en bas des murailles dolomitiques. Et les bestiaux qui viennent estiver restent en certains cantons tout l'été sans se désaltérer.

Or l'eau est là sous les pieds du Caussenard et peut s'atteindre aisément, sinon partout, du moins en maint endroit.

On a vu plus haut que les avens ne communiquent avec les cours d'eau souterrains, réservoirs des sources basses, que quand le plateau est peu épais, quand il y manque certaines assises géologiques.

Et ce n'est pas une vaine théorie que j'énonce là : au *Mas Raynal* (Larzac), la Sorgues souterraine ronfle à 106 mèt. de profondeur, et nous y avons bu l'eau des sources avant leur sortie au jour ; or, la fontaine correspondante de la Sorgues sourd à 2 kilom. 1/2 au N.-O. et à 130 mèt. au-dessous du niveau du Causse ; de même le gouffre du *Puits de Padirac* (Causse de Gramat, Lot), nous a jetés à 108 mèt. sous le sol au bord d'une merveilleuse rivière souterraine que nous avons suivie en bateau pendant 2 kilom. dans la nuit sans en voir la fin et sans savoir où elle débouche ; et la Dordogne ne coule qu'à 5 kilom. au Nord et à 250 mèt. en contre-bas de l'ouverture du gouffre.

Ainsi deux fois sur quatorze nous avons rencontré l'onde précieuse que les paysans avec le plus vif intérêt nous voyaient rechercher si curieusement. Si la plupart des avens sont déceptionnants de ce chef, beaucoup cependant doivent se conduire comme le Mas Raynal et Padirac.

Qu'on les scrute, qu'on les interroge, que l'on détermine ceux d'entre eux au fond desquels on peut surprendre les rivières en amont de leurs sources.

Et puis on étudiera le régime hydrologique intérieur, les crues, les sécheresses de ces courants cachés, pour connaître les chances possibles de leur utilisation.

Une fois la carte souterraine dressée de toutes ces artères inconnues, une fois le catalogue établi des regards qui peuvent nous les livrer, on fera appel aux ingénieurs.

On leur dira où ils sont sûrs de rencontrer l'eau : on leur montrera les trous tout creusés, les puits tout foncés, les forages naturellement exécutés. Ainsi point de travaux de recherches ni de sondages inutiles : l'économie sera considérable.

Alors, actionnés par des moulins à vent ou des pompes d'épuisement, des chaînes à godets ou d'autres appareils élévatoires iront puiser l'eau pure et bleue toute filtrée aux profondeurs de 100 à 150 mèt. : les frais ne sauraient être considérables.

Et puis le trop-plein des sources déversé sur le plateau, retenu par des barrages dans les plis de terrain où le sol ne présentera point trop de fissures, ou bien emmagasiné dans des réservoirs, donnera aux forestiers l'humidité nécessaire pour leurs jeunes pousses trop souvent desséchées, aux paysans l'eau ménagère, aux bergers le breuvage des troupeaux, aux cultivateurs l'élément nécessaire pour les canaux d'irrigation.

Enfin, comme dernier service rendu à l'économie rurale et industrielle, on pourra par des travaux intérieurs réglementer peut-être dans une certaine mesure les crues et les débordements des sources ou débouchés des cavernes, et atténuer les inondations dans les vallées basses, comme on a déjà réussi à le faire dans quelques points du Karst Autrichien (lac de Zirknitz, vallée de Plonina, travaux de MM. Krauss et Putick).

Certes, les grands et mornes Causses comme le Sauveterre et le Méjean ne bénéficieront guère de ces utilisations d'eaux intérieures; car les strates calcaires y mesurent en général 600 mèt. d'épaisseur, et nos premières recherches nous font croire qu'aucun de leurs avens n'aboutit aux réservoirs tant désirés.

Mais si la salutaire mesure ne peut trouver son application partout, toujours est-il qu'elle sera une fortune pour les cantons où elle sera praticable.

C'est à ce titre que l'exploration des avens nous paraît présenter un intérêt plus que purement scientifique, et que, tout en la continuant nous-mêmes, nous voudrions la voir encourager et entreprendre à notre suite sur la plus grande échelle possible dans toutes les régions calcaires de la France.

E.-A. MARTEL.

Le président remercie alors les organisateurs du Congrès : MM. Duponchel, Malavialle, Pélissier, Pouchet ; les présidents, MM. de Mahy et le général Borson ; le Maire et les habitants de la ville de Montpellier, le Bureau et les membres du Cercle artistique, de l'excellent accueil fait aux membres du Congrès ; félicite les différents conférenciers, fait des vœux pour la prospérité de la Société Languedocienne de Géographie, et déclare levée la dernière séance du Congrès.

Le soir, par les soins du Bureau, les membres du Congrès ont visité l'Hôpital Suburbain, la Faculté de Médecine, le Palais de l'Université, le Jardin des Plantes, en un mot les principaux monuments scientifiques et universitaires de Montpellier, où ils ont reçu partout le plus chaleureux accueil. Puis un banquet confraternel les a tous réunis au restaurant du Lez, où ils ont fêté, le verre en main, le plaisir de s'être rencontrés et d'avoir utilement collaboré quelques jours, et se sont séparés en se donnant rendez-vous pour l'année prochaine à Rochefort.

L. MALAVIALLE.

TABLE DES MATIÈRES

Séance du jeudi matin 29 mai.

Séance du jeudi soir 29 mai.

Séance du vendredi matin 30 mai.

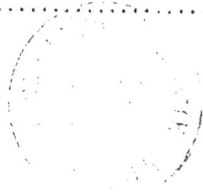

(Extrait du Bulletin de la *Société Languedocienne de Géographie*.)

Montpellier. — Typ. CHARLES BOEHM.